马克思主义理论研究
和建设工程重点教材

国家安全教育
大学生读本

本书编写组

主　编　程建平　李忠军

主要成员

（以姓氏笔画为序）

马瑞映　王秀江　朱启超

任晓伟　刘　凯　李后东

肖　晞　吴玉军　汪　明

林　众　林　晨　秦立强

高等教育出版社·北京

二维码资源访问

使用微信扫描本书内的二维码，输入封底防伪二维码下的 20 位数字，进行微信绑定，即可免费访问相关资源。注意：微信绑定只可操作一次，为避免不必要的损失，请您刮开防伪码后立即进行绑定操作！

图书在版编目（CIP）数据

国家安全教育大学生读本 /《国家安全教育大学生读本》编写组编. -- 北京：高等教育出版社，2024.8.（马克思主义理论研究和建设工程重点教材）. -- ISBN 978-7-04-061740-5

Ⅰ. D631

中国国家版本馆CIP数据核字第2024XV8570号

国家安全教育大学生读本
GUOJIA ANQUAN JIAOYU DAXUESHENG DUBEN

责任编辑	于 明　王溪桥　程传省	封面设计	李小璐	版式设计	李小璐
责任校对	刘丽娴	责任印制	高 峰		

出版发行	高等教育出版社	网　　址	http://www.hep.edu.cn
社　　址	北京市西城区德外大街4号		http://www.hep.com.cn
邮政编码	100120	网上订购	http://www.hepmall.com.cn
印　　刷	山东新华印务有限公司		http://www.hepmall.com
开　　本	787mm×1092mm　1/16		http://www.hepmall.cn
印　　张	13.5		
字　　数	197 千字	版　　次	2024 年 8 月第 1 版
购书热线	010-58581118	印　　次	2024 年 9 月第 6 次印刷
咨询电话	400-810-0598	定　　价	22.00 元

本书如有缺页、倒页、脱页等质量问题，请到所购图书销售部门联系调换
版权所有　侵权必究
物 料 号　61740-00

目 录

导论 / 1

一、深刻认识新时代我国国家安全形势 / 1

二、不断加强大学生国家安全教育 / 5

三、深入学习贯彻总体国家安全观 / 6

第一章 完整准确领会总体国家安全观 / 9

第一节 总体国家安全观的创立 / 9

一、中国共产党国家安全思想的演进 / 9

二、总体国家安全观的形成和发展 / 12

三、创造性提出总体国家安全观的重大意义 / 15

第二节 总体国家安全观的科学内涵 / 19

一、总体国家安全观的"十个坚持" / 19

二、总体国家安全观的"五个统筹" / 21

第三节 总体国家安全观的重点领域和基本特征 / 23

一、总体国家安全观涵盖的重点领域 / 23

二、总体国家安全观的基本特征 / 26

目录

第二章　在党的领导下走好中国特色国家安全道路 / 28

第一节　坚持党对国家安全工作的绝对领导 / 28
一、坚持党的绝对领导是做好国家安全工作的根本原则 / 29
二、准确把握党对国家安全工作绝对领导的实践要求 / 29
三、新时代党领导国家安全工作的开创性成就 / 31

第二节　坚持中国特色国家安全道路 / 33
一、中国特色国家安全道路的科学内涵 / 33
二、中国特色国家安全道路的重要特征 / 35
三、坚持中国特色国家安全道路必须进行伟大斗争 / 38

第三节　推进国家安全体系和能力现代化 / 39
一、推进国家安全体系和能力现代化的重要意义 / 40
二、推进国家安全体系和能力现代化的重点任务 / 41
三、以国家安全法治推进国家安全体系和能力现代化 / 42

第三章　更好统筹发展和安全 / 45

第一节　统筹发展和安全的重大意义 / 45
一、新时代维护和塑造国家安全的必然要求 / 46
二、维护改革发展稳定大局的重大原则 / 47
三、推动我国经济高质量发展的有力保障 / 49

第二节　统筹发展和安全的科学内涵 / 49
一、安全是发展的条件和保障 / 50
二、发展是安全的基础和目的 / 51
三、坚持发展和安全并重 / 52

第三节　更好统筹发展和安全的途径和方法 / 53
一、在坚持科学思维方法中树牢安全发展理念 / 53

二、以新安全格局保障新发展格局 / 55
　　三、在科学精准施策中提高防范化解重大风险隐患的能力 / 58

第四章　坚持以人民安全为宗旨 / 60

第一节　坚持以人民安全为宗旨的科学内涵 / 60
　　一、把保护人民生命安全摆在首位 / 61
　　二、把保障人民健康放在优先发展的战略位置 / 61
　　三、全力保障人民财产安全 / 62
　　四、坚决维护人民其他合法权益安全 / 63

第二节　新时代人民安全面临的风险挑战 / 64
　　一、维护人民生命安全面临的风险挑战 / 64
　　二、维护人民健康安全面临的风险挑战 / 65
　　三、维护人民财产安全面临的风险挑战 / 66
　　四、维护人民其他合法权益安全面临的风险挑战 / 67

第三节　新时代维护人民安全的途径和方法 / 69
　　一、坚持以人民为中心推进国家安全体系和能力现代化 / 70
　　二、着力解决人民群众反映强烈的安全问题 / 71
　　三、充分调动人民群众维护国家安全的积极性 / 73

第五章　坚持以政治安全为根本 / 76

第一节　坚持以政治安全为根本的科学内涵 / 76
　　一、维护人民民主专政的国家政权安全 / 76
　　二、维护中国特色社会主义制度安全 / 78
　　三、维护社会主义意识形态安全 / 79

第二节　新时代政治安全面临的风险挑战 / 80

　　　　　　一、意识形态领域斗争复杂尖锐 / 81
　　　　　　二、策划"颜色革命"和"西化"中国图谋从未停歇 / 82
　　　　　　三、"三股势力""台独"等"分化"中国的威胁依然存在 / 83
　　　　　　四、解决大党独有难题过程长期艰巨 / 85
　　第三节　新时代维护政治安全的途径和方法 / 86
　　　　　　一、牢牢坚持马克思主义指导思想的地位 / 87
　　　　　　二、牢牢坚持和不断加强党的全面领导 / 88
　　　　　　三、始终坚定中国特色社会主义"四个自信" / 89
　　　　　　四、全面贯彻党的民族政策和宗教政策 / 92

第六章　坚持以经济安全为基础 / 94

　　第一节　坚持以经济安全为基础的科学内涵 / 94
　　　　　　一、维护基本经济制度安全 / 94
　　　　　　二、维护经济主权安全 / 96
　　　　　　三、维护经济秩序安全 / 96
　　　　　　四、维护改革开放的经济发展道路安全 / 97
　　　　　　五、维护重点经济领域安全 / 98
　　第二节　新时代经济安全面临的风险挑战 / 100
　　　　　　一、维护基本经济制度安全面临的风险挑战 / 101
　　　　　　二、维护经济主权安全面临的风险挑战 / 102
　　　　　　三、维护经济秩序安全面临的风险挑战 / 104
　　　　　　四、维护经济发展道路安全面临的风险挑战 / 105
　　　　　　五、维护重点经济领域安全面临的风险挑战 / 106
　　第三节　新时代维护经济安全的途径和方法 / 108
　　　　　　一、坚持和完善社会主义基本经济制度 / 108
　　　　　　二、在推进高水平对外开放中保证经济主权安全 / 110

三、在保障经济有效运行中维护经济秩序安全 / 111

四、在推动高质量发展中维护经济发展道路安全 / 112

五、着力防范化解重点经济领域安全风险 / 115

第七章 坚持以军事、科技、文化、社会安全为保障 / 118

第一节 坚持以军事、科技、文化、社会安全为保障的科学内涵 / 118
一、坚持以军事安全为保障的科学内涵 / 118

二、坚持以科技安全为保障的科学内涵 / 121

三、坚持以文化安全为保障的科学内涵 / 122

四、坚持以社会安全为保障的科学内涵 / 125

第二节 新时代军事、科技、文化、社会安全面临的风险挑战 / 126
一、维护军事安全面临的风险挑战 / 126

二、维护科技安全面临的风险挑战 / 128

三、维护文化安全面临的风险挑战 / 129

四、维护社会安全面临的风险挑战 / 132

第三节 新时代维护军事、科技、文化、社会安全的途径和方法 / 134
一、维护军事安全的途径和方法 / 134

二、维护科技安全的途径和方法 / 136

三、维护文化安全的途径和方法 / 138

四、维护社会安全的途径和方法 / 141

第八章 坚持以促进国际安全为依托 / 144

第一节 坚持以促进国际安全为依托的科学内涵 / 144
一、倡导新的全球安全观和地区安全观 / 144

二、维护国际社会的共同安全 / 146

三、推动构建新型国际关系 / 147

第二节　新时代国际安全面临的风险挑战 / 147

一、国际战略格局深刻演变 / 148

二、个别西方国家逆全球化行为危害日益严重 / 149

三、新一轮科技革命和产业变革正在重塑全球创新版图 / 150

第三节　新时代维护国际安全的途径和方法 / 151

一、构建普遍安全的人类命运共同体 / 151

二、建立健全国际和地区安全机制 / 153

三、完善全球安全治理体系 / 157

第九章　筑牢其他各领域国家安全屏障 / 159

第一节　筑牢国土安全屏障 / 159

一、国土安全的科学内涵 / 160

二、新时代维护国土安全面临的风险挑战 / 160

三、新时代维护国土安全的途径和方法 / 161

第二节　筑牢生态安全屏障 / 163

一、生态安全的科学内涵 / 163

二、新时代维护生态安全面临的风险挑战 / 165

三、新时代维护生态安全的途径和方法 / 167

第三节　筑牢资源安全屏障 / 168

一、资源安全的科学内涵 / 169

二、新时代维护资源安全面临的风险挑战 / 170

三、新时代维护资源安全的途径和方法 / 171

第四节　筑牢国家网络安全屏障 / 172

一、国家网络安全的科学内涵 / 173

二、新时代维护国家网络安全面临的风险挑战 / 174

三、新时代维护国家网络安全的途径和方法 / 176

第五节　筑牢核安全屏障 / 180
　　一、核安全的科学内涵 / 180
　　二、新时代维护核安全面临的风险挑战 / 181
　　三、新时代维护核安全的途径和方法 / 182

第十章　争做总体国家安全观坚定践行者 / 187

第一节　增强国家安全意识，坚持国家利益至上 / 187
　　一、认识国家安全是最大的安全 / 188
　　二、把握国家利益是最根本的利益 / 189
　　三、在筑牢国家安全意识中坚定捍卫国家利益 / 191

第二节　增强忧患意识，发扬斗争精神 / 192
　　一、忧患意识是中华民族的重要精神特质 / 192
　　二、在发扬斗争精神中不断增长才干 / 193
　　三、把握好忧患意识和斗争精神的时代要求 / 194

第三节　增强社会责任，形成维护国家安全合力 / 196
　　一、维护国家安全是全民责任 / 196
　　二、履行维护国家安全的法定义务 / 196
　　三、积极参与国家安全教育 / 197

阅读文献 / 200

后记 / 202

导 论

习近平总书记在党的二十大报告中指出:"国家安全是民族复兴的根基,社会稳定是国家强盛的前提。必须坚定不移贯彻总体国家安全观,把维护国家安全贯穿党和国家工作各方面全过程,确保国家安全和社会稳定。"[①] 在深刻复杂变化的国际国内环境中,在不断扩大开放的发展过程中,系统掌握总体国家安全观,增强维护国家安全的意识,提高维护和塑造国家安全的能力,是时代赋予大学生的使命要求。新时代大学生必须认真学习和践行总体国家安全观,为以中国式现代化全面推进强国建设、民族复兴伟业贡献青春力量。

一、深刻认识新时代我国国家安全形势

国家安全是指一个国家政权、主权、统一和领土完整、人民福祉、经济社会可持续发展和国家其他重大利益相对处于没有危险和不受内外威胁的状态,以及保障、维护和塑造持续安全状态的能力。实现中华民族伟大复兴,保证人民安居乐业,国家安全是头等大事。习近平指出,"我们要辩证认识和把握国内外大势,统筹中华民族伟大复兴战略全局和世界百年未有之大变局"[②]。在"两个大局"加速演进并深刻互动的时代背景下,我国国家安全形势发生了深刻变化,维护和塑造国家安全的任务比以往任何时候都更加艰巨。

---

① 习近平:《高举中国特色社会主义伟大旗帜 为全面建设社会主义现代化国家而团结奋斗——在中国共产党第二十次全国代表大会上的报告》(2022年10月16日),人民出版社2022年版,第52页。
② 《习近平著作选读》第二卷,人民出版社2023年版,第328页。

当前，世界之变、时代之变、历史之变正以前所未有的方式展开。一方面，和平、发展、合作、共赢的历史潮流不可阻挡，人心所向、大势所趋决定了人类前途终归光明。另一方面，恃强凌弱、巧取豪夺、零和博弈等霸权霸道霸凌行径危害深重，和平赤字、发展赤字、安全赤字、治理赤字加重，人类社会面临前所未有的挑战。我们所处的是一个充满挑战的时代，也是一个充满希望的时代。时代发展进程中的新趋向和新变化，带来全球政治、经济、社会、文化等方面的新变革，也使我国国家安全面临一系列新形势新任务。

第一，国家安全形势更趋复杂。从国际上看，世界进入新的动荡变革期，单边主义、保护主义、霸权主义、强权政治对世界和平与发展威胁上升，经济全球化遭遇逆流，世界经济增长乏力，发展鸿沟日益突出，兵戎相见时有发生，冷战思维阴魂不散，恐怖主义、难民危机、重大传染性疾病、气候变化等非传统安全威胁持续蔓延，贫富分化、环境危机、能源枯竭、太空无序开发等全球性问题加剧，国际安全环境日趋复杂、严峻，不确定、不稳定、难预料因素增多。人类正处在一个挑战层出不穷、风险日益增多的时代，安全问题解决不好，人类和平与发展的崇高事业就难以顺利推进。从国内来看，中国特色社会主义进入新时代，人民的美好生活需要日益增长，对国家安全提出了更高要求。同时，必须清醒地认识到，在全面建设社会主义现代化国家的新征程上，我国还面临一系列风险挑战，主要有：发展不平衡不充分问题仍然突出，推进高质量发展还有很多卡点和瓶颈，科技创新能力还不强；确保粮食、能源、产业链供应链可靠安全和防范金融风险还须解决许多重大问题；意识形态领域存在不少挑战；生态环境保护任务依然艰巨；等等。如果这些领域的风险挑战防范不及、应对不当、化解不力，就会给人民安全、经济发展、社会稳定带来严峻挑战。总之，错综复杂的国际环境带来新矛盾新挑战，我国社会主要矛盾发展变化带来新特征新要求，使我国国家安全面临更趋复杂严峻的形势。

第二，发展和安全利益面临重大挑战。发展和安全利益是国家利益的主要内容。在百年变局下,我国发展和安全利益面临严峻外部挑战。个别西方国家对中国开展全面施压,粗暴干涉中国内政,挑动"台独""港独""藏独""东突"等分裂势力,妄图分裂中国;在南海滋事生非,挑拨地区国家关系,打着"航行自由"旗号炫耀武力,严重破坏地区和平稳定;向我国派遣特务、培植间谍,策反国家公职人员、技术人员和青年学生等,进行政治破坏、思想渗透和情报窃取等活动;加紧对我国进行科技封锁,动辄制裁、打压我国企业,试图遏制我国发展。大量事实一再表明,维护国家主权、安全是推动发展、实现发展利益的根本保证。因此,必须严密防范和严厉打击敌对势力渗透、破坏、颠覆、分裂活动,顶住和反击外部极端打压遏制,开展涉港、涉台、涉疆、涉藏、涉海等领域的斗争。同时,只有发展才会带来真正的安全,没有发展就没有安全,不发展是最大的不安全。过去我们是顺势而上,机遇比较好把握;现在要顶风而上,把握机遇的难度就不一样了。过去我们发展水平相对较低,同外部的互补性就多一些;现在我们发展水平提高了,同外部的竞争性就多起来了。我们越发展壮大,遇到的阻力和压力就会越大,面临的外部风险就会越多。这是我国由大向强发展进程中无法回避的挑战,是实现中华民族伟大复兴绕不过的门槛。我们面对的挑战前所未有,更具有复杂性、全局性,来自外部的打压遏制随时可能升级。只有统筹发展和安全,坚持发展和安全并重,才能既实现高质量发展,又实现高水平安全。

第三,传统和非传统安全威胁重叠交织。传统安全主要包括政治安全、国土安全、军事安全,非传统安全主要包括经济安全、文化安全、社会安全、科技安全、生态安全、核安全等。传统和非传统安全挑战各不相同,却又彼此相关。在新的条件下,传统和非传统安全挑战层出不穷。一方面,国家、地区之间的军事冲突与战争带来的传统安全威胁并没有消除,在个别地区和领域还有加剧的趋势;另一方面,公共卫生、恐怖主义、气候变化、网络安全等非传统安全威胁持续蔓延,这些威胁及其风险外溢直接或间接地危及我国国家主权、国家利益、人民福祉。当前,传统和非传统安全威胁相互交织。比如，传染病流行暴发、生物恐怖袭击、生物资源危机等生物领域的重大风险直接危及人民生命健康，同时诱发和滋生经济、社会、文化、网络、粮食、科技、军事等领域重大风险。此外，一些传统安全问题会呈现出非传统安全的特征，一些非传统安全问题往往又是从传统安全领域诱生出来的，这些风险联动叠加、积聚发酵，将破坏国家利益，最终危害国家安全。

第四，国际和国内安全风险传导联动。当前，国际形势波谲云诡，国家安全受到多重因素影响，面临的风险源越来越复杂，呈现出内外联动的特征，相互影响、相互渗透、相互传导。一个国家在发展过程中，不断累积的各种深层次矛盾和问题逐渐显露，彼此叠加，相互关联，极易引发影响社会稳定的重大群体性事件。在外部输入性风险诱导下，一些事件可能升级为影响发展和安全的全局性风险问题。在政治领域，世界多地发生的"颜色革命"就是内外势力勾连造成的国家安全受到重大挑战的典型案例，其外溢效应给本国和地区安全带来危机。长期以来，少数西方国家罔顾事实，不断借口所谓"人权"问题攻击中国，通过教育、宗教、文化等对我国进行意识形态渗透。信息时代，一些媒介的虚假信息和谣言传播混淆视听，给敌对势力和不法分子以可乘之机，给维护意识形态安全带来新的风险。这些风险使维护政治安全的艰巨性大大增加。在经济领域，一国的经济危机、金融危机、能源危机等影响着周边地区乃至全球的经济发展，也危及共同的经济安全。这种风险同样会传导至科技、社会、文化、生态等领域，呈现出越来越鲜明的联动趋势。

当前，中华民族伟大复兴进入关键时期，我国发展也进入战略机遇和风险挑战并存、不确定难预料因素增多的时期。中华民族伟大复兴绝不是轻轻松松、敲锣打鼓就能实现的，也绝不是一马平川、朝夕之间就能到达的。各种矛盾风险挑战源、各类矛盾风险挑战点相互交织、相互作用。如果防范应对不及时，就会传导、叠加、演变、升级，使小的矛盾风险挑战激化成大的矛盾风险挑战，局部的矛盾风险挑战演化成系统的矛盾风险挑战，国际上的矛盾风险挑战演变成国内的矛盾风险挑战，经济、社会、文化、生态领域的矛盾风险挑战转化成政治领域的矛盾风险挑战，最终危及社会主义制度，危害国家安全。

二、不断加强大学生国家安全教育

党的二十大作出全面加强国家安全教育的重大决策部署。在复杂严峻的国家安全形势下，加强大学生国家安全教育是维护和塑造国家安全的重要基础，也是培养和造就新时代好青年的应有之义。

第一，这是培养担当民族复兴大任的时代新人的客观要求。培养什么人、怎样培养人、为谁培养人是教育的根本问题。我国是中国共产党领导的社会主义国家，这就决定了我国的教育必须把培养德智体美劳全面发展的社会主义建设者和接班人作为根本任务，培养一代又一代拥护中国共产党领导和我国社会主义制度、立志为中国特色社会主义事业奋斗终身的有用人才。高等教育是建设教育强国的龙头，对实现中华民族伟大复兴起着重要作用。要成长为担当民族复兴大任的时代新人，大学生必须深入认识国家、全面认同国家并且积极为国家发展的壮美事业努力奋斗；必须系统学习和科学把握总体国家安全观，树牢维护和塑造国家安全的自觉意识、家国情怀和使命担当，做总体国家安全观的坚定信仰者和忠实践行者。

第二，这是增强新时代大学生政治素质的重要举措。《贞观政要》载，"求木之长者，必固其根本"。大学生良好政治素质的培养是"固本"的重要举措。对大学生进行系统的国家安全教育，能够提高大学生的政治理论水平，培养大学生积极维护和塑造国家安全、推进国家安全体系和能力现代化的意识，引导大学生从政治大势、政治大局看问题，涵养对"国之大者"的认识。同时，系统的国家安全教育也能促进大学生正确认识世界和中国发展大势，正确认识中国特色和国际比较，正确认识时代责任和历史使命，正确认识远大抱负和脚踏实地，放眼中华民族伟大复兴、社会主义现代化强国建设和人类命运共同体构建，不断提高自身政治素质。

第三，这是构筑维护国家安全合力的基本要求。国家安全，人人有责。新时代大学生是维护和塑造国家安全的重要力量。习近平指出："一代青年有一代青年的历史际遇。我们的国家正在走向繁荣富强，我们的民族正在走向伟大复兴，我们的人民正在走向更加幸福美好的生活。当代中国青年要有所作为，就必须投身人民的伟大奋斗。同人民一起奋斗，青春才能亮丽；同人民一起前进，青春才能昂扬；同人民一起梦想，青春才能无悔。"① 这鲜明体现出党和国家对青年一代的殷切期望。维护和塑造国家安全，要积极发挥大学生的重要作用。新时代大学生必须在党的坚强领导下，在新时代伟大斗争中经风雨、见世面、长才干，听党话、跟党走，为维护和塑造国家安全挺膺担当，切实担负起构筑维护国家安全合力的时代责任。

三、深入学习贯彻总体国家安全观

中国特色社会主义进入新时代，以习近平同志为核心的党中央在准确把握我国国家安全形势新特点、新趋势的基础上，统揽我国国家安全工作全局，创造性提出总体国家安全观。总体国家安全观深刻回答了如何既解决好大国发展进程中面临的共性安全问题，又处理好中华民族伟大复兴关键阶段面临的特殊安全问题这个重大时代课题，推动国家安全理论和实践实现历史性飞跃，是指导新时代我国国家安全工作的思想武器、根本遵循和实践指南，也是开展国家安全教育的理论指导、主体内容和行动纲领。面对复杂严峻的国家安全形势，必须深入学习贯彻总体国家安全观，提高应对风险挑战能力，切实把学习成效转化为坚决维护国家主权、安全、发展利益的生动实践。

---

① 《习近平书信选集》第一卷，中央文献出版社2022年版，第57页。

高等学校开设国家安全教育公共基础课程，是学习贯彻落实总体国家安全观的要求，是落实《国家安全法》①关于"将国家安全教育纳入国民教育体系"和《爱国主义教育法》关于"国家采取多种形式开展法治宣传教育、国家安全和国防教育"规定的要求，也是对大学生集中开展总体国家安全观教育的要求。在学习国家安全教育课程的过程中，大学生必须不断努力学习辩证唯物主义和历史唯物主义，掌握习近平新时代中国特色社会主义思想的世界观和方法论，坚持好、运用好贯穿其中的立场观点方法，提高运用总体国家安全观认识和分析国家安全问题的能力；必须把学习本课程与学习"习近平新时代中国特色社会主义思想概论"等思想政治理论课程结合起来，与学习党史、新中国史、改革开放史、社会主义发展史、中华民族发展史贯通起来，提升自身的整体理论素养和政治素质；必须增强社会主义法治意识，自觉学习和遵守《国家安全法》等法律法规，提高依法维护和塑造国家安全的能力，筑牢维护国家安全的人民防线；必须按照德智体美劳全面发展的要求，坚定理想信念、厚植爱国情怀、加强品德修养、增长知识见识、培养奋斗精神、增强综合素质，锻造维护和塑造国家安全的能力。

　　本书是大学生系统学习总体国家安全观主要内容和国家安全基本知识的统编教材，是高校开展国家安全教育的重要依据，也是全社会学习贯彻总体国家安全观、普及国家安全知识的参考用书。全书共分为十一个部分：导论部分主要介绍我国国家安全形势、对大学生开展国家安全教育的意义、学习总体国家安全观的主要要求和基本方法；第一章主要介绍总体国家安全观的创立、科学内涵、重点领域和基本特征；第二章主要介绍坚持党对国家安全工作的绝对领导、坚持走好中国特色国家安全道路的科学内涵和实践要求；第三章主要介绍统筹发展和安全这一中国共产党治国理

---

① 为表述方便，除必要外，本书所涉法律法规一般使用简称，如《中华人民共和国国家安全法》简称为《国家安全法》。

政的重大原则；第四章至第九章以总体国家安全观的"五大要素"为主线，即坚持以人民安全为宗旨，以政治安全为根本，以经济安全为基础，以军事、科技、文化、社会安全为保障，以促进国际安全为依托，介绍总体国家安全观的具体内容，筑牢各领域各方面国家安全屏障；第十章主要介绍新时代大学生践行总体国家安全观的基本要求。本书有助于大学生全面准确掌握总体国家安全观的重大意义、精神实质和实践要求，为积极参与维护和塑造国家安全奠定坚实思想理论基础。

当代中国青年生逢其时，施展才干的舞台无比广阔，实现梦想的前景无比光明。大学生只有立足大局、顺应大势，自觉用总体国家安全观武装头脑、淬炼思想，以强烈的历史主动精神不断加强维护和塑造国家安全的责任意识与使命担当，才能健康茁壮成长为担当民族复兴大任的时代新人。

思考题

1. 如何理解百年变局下世界进入新的动荡变革期？
2. 结合平时所见所闻，谈谈怎样认识我国国家安全面临的风险挑战。
3. 如何理解开展国家安全教育的重要意义？
4. 根据自身学习经历，谈谈如何学好国家安全教育课程。

第一章　完整准确领会总体国家安全观

总体国家安全观是马克思主义国家安全理论同当代我国国家安全实践相结合、同中华优秀传统战略文化相结合的产物,是中国共产党历史上第一个被确立为国家安全工作指导思想的重大战略思想,是习近平新时代中国特色社会主义思想的国家安全篇。完整准确领会总体国家安全观,必须把握好总体国家安全观创立的重大意义、核心要义、重点领域和基本特征,不断增强学习贯彻总体国家安全观的思想自觉、理论自觉和实践自觉。

第一节　总体国家安全观的创立

总体国家安全观是在系统总结中国共产党国家安全思想、科学概括我国国家安全工作新的实践经验基础上形成并不断发展的国家安全战略思想。总体国家安全观的创立,深刻体现了马克思主义中国化时代化的历史逻辑、理论逻辑和实践逻辑,具有重大时代意义、政治意义、理论意义和实践意义。

一、中国共产党国家安全思想的演进

国家安全与国家生存发展始终相伴相随,是任何时代、任何形态的国家主体都高度重视的重大战略问题。我国古语所说的"安邦定国""国泰民安""天下为公"生动反映了人民对国家安全的朴素愿望。《周易·系辞》所说的"君子安而不忘危,存而不忘亡,治而不忘乱,是以身安而国

家可保也",则是对这一朴素愿望的鲜明表达。数千年来,对安宁、和平、和睦的追求,深深扎根于中华民族的精神血液之中,直到今天,依然强烈影响着正在走向复兴的中华民族对世界的理解、对人类前途命运的奋斗。

中外历史上治乱兴衰的经验和教训一再表明,国家安全关乎国家前途和民族命运。中国共产党诞生于近代中国内忧外患之时、民族生死存亡之际。在新民主主义革命时期,中国共产党团结带领广大人民群众积极投身于争取民族独立和人民解放的艰苦斗争之中,对国家安全的重要性有着刻骨铭心的认识,因而倍加珍视国家安全。新中国成立后,中国共产党一以贯之地把捍卫国家安全作为治国理政的头等大事和重要原则。在不同历史时期,中国共产党对国家安全的认识和实践既一脉相承又与时俱进。

在社会主义革命和建设时期,受战争与革命时代主题的认识影响,面对世界"两大阵营"的对峙和冷战的持续,中国共产党形成了与这一时期时代环境和发展任务相适应的国家安全思想。以毛泽东同志为主要代表的中国共产党人,将保卫新生的人民民主政权,维护国家独立、主权和领土完整作为国家安全工作的首要任务,充分利用当时国际格局的特点和主要矛盾,最大限度地维护和改善国家安全环境,并根据国际斗争形势,提出"积极防御"和"人民战争"的战略思想,提出为维护人类和平和捍卫国家安全积极发展、和平利用核技术的战略思想,提出"深挖洞,广积粮,不称霸"和"三个世界"划分的战略思想。同时,党也认识到维护国家经济安全的重要性,提出"中国必须建立强大的国防军,必须建立强大的经济力量,这是两件大事"[①]的战略思想。这一时期,党既重视主权独立和安全,又强调通过建立国际统一战线维护国家安全。我国与苏联签订《中苏友好同盟互助条约》、进行伟大的抗美援朝战争,战胜了帝国主义、霸权主义的侵略、破坏和武装挑衅,取得了保卫祖国边疆斗争的胜利,独立研制出"两弹一星",恢复了在联合国的一切合法权利,支援世界民族解

---

① 《毛泽东文集》第六卷,人民出版社1999年版,第95—96页。

放运动和发展中国家建设；在对外关系中，创造性提出了"互相尊重主权和领土完整、互不侵犯、互不干涉内政、平等互利、和平共处"的和平共处五项原则，这一直延续至今并深刻影响着世界政治发展。在这些思想指导下的国家安全实践，有力捍卫和保障了新生的人民民主政权的安全。

在改革开放和社会主义现代化建设新时期，面对时代主题向和平与发展的深刻转变，中国共产党把经济建设确立为党和国家的中心任务，开启了改革开放伟大历程。与此同时，维护国家安全的斗争也进入了新阶段，我国国家安全开始从政治、国土、军事等传统安全向经济、文化、科技等非传统安全扩展。20世纪80年代，面对国际格局的调整变化以及少数西方国家对中国开展"和平演变"的图谋，以邓小平同志为主要代表的中国共产党人，强调中国的问题压倒一切的是需要稳定，坚持"国家的主权和安全要始终放在第一位"[①]，并提出反对结盟式集体安全、强调军事安全与经济安全并重、军事战略从"要准备打仗"的临战状态转到建设现代化国防上等战略思想。以江泽民同志为主要代表的中国共产党人，作出我国发展处于重要战略机遇期的科学判断，积极促进世界多极化和国际关系民主化，提出以互信、互利、平等、协作为核心的新安全观等战略思想。以胡锦涛同志为主要代表的中国共产党人，紧紧抓住和努力维护国家发展重要战略机遇期，坚持走和平发展道路，提出实施互利共赢的开放战略等战略思想。在这些思想指导下的国家安全实践，为改革开放和社会主义现代化建设提供了有力保障。

中国特色社会主义进入新时代，中国共产党国家安全思想的发展也进入新阶段。以习近平同志为主要代表的中国共产党人，在推进马克思主义中国化时代化的进程中创造性提出总体国家安全观，在理论与实践的结合中开辟了中国共产党对国家安全工作基本规律认识的新阶段新境界。

---

① 《邓小平文选》第三卷，人民出版社1993年版，第347页。

二、总体国家安全观的形成和发展

习近平是总体国家安全观的创立者。进入新时代以来,习近平始终高度重视国家安全,着力推动国家安全体系和能力现代化,在统筹发展和安全中不断维护和塑造更高水平的国家安全。党的十八大后不久,习近平就多次强调,"我们要坚决维护国家主权、安全、发展利益"[①],"要牢固树立安全发展理念,始终把人民群众生命安全放在第一位"[②],"我们的安全工作体制机制还不能适应维护国家安全的需要,需要搭建一个强有力的平台统筹国家安全工作"[③]。2014年4月15日,习近平在十八届中央国家安全委员会第一次会议上,创造性提出"总体国家安全观"的概念并阐述其科学内涵,指出要准确把握国家安全形势变化新特点新趋势,坚持总体国家安全观,走出一条中国特色国家安全道路。此后,随着新时代我国国家安全实践的发展,总体国家安全观的内涵也不断丰富和完善。

> 党的十八届三中全会决定成立国家安全委员会,是推进国家治理体系和治理能力现代化、实现国家长治久安的迫切要求,是全面建成小康社会、实现中华民族伟大复兴中国梦的重要保障,目的就是更好适应我国国家安全面临的新形势新任务,建立集中统一、高效权威的国家安全体制,加强对国家安全工作的领导。
>
> ——习近平在十八届中央国家安全委员会第一次会议上的讲话(2014年4月15日)

---

① 《习近平著作选读》第一卷,人民出版社2023年版,第215页。
② 《习近平谈治国理政》第一卷,外文出版社2018年版,第195页。
③ 中共中央党史和文献研究院编:《习近平关于总体国家安全观论述摘编》,中央文献出版社2018年版,第3页。

（一）明确在总体国家安全观指导下维护国家安全是党和国家的一项基础性工作

2014年4月，习近平在十八届中央政治局第十四次集体学习时指出，改革开放以来，中国共产党始终高度重视正确处理改革发展稳定关系，始终把维护国家安全和社会安定作为党和国家的一项基础性工作。2015年7月，第十二届全国人民代表大会常务委员会第十五次会议通过了《中华人民共和国国家安全法》，以法律的形式确立了总体国家安全观的指导地位和国家安全领导体制，明确了维护国家安全的任务、职责和制度，明确了公民、组织的权利和义务，为推进国家安全体系和能力现代化奠定了坚实法律基础。

（二）明确坚持总体国家安全观是新时代坚持和发展中国特色社会主义的基本方略之一

2017年10月，习近平在党的十九大报告中提出，要坚持总体国家安全观。统筹发展和安全，增强忧患意识，做到居安思危，是中国共产党治国理政的一个重大原则。必须坚持国家利益至上，以人民安全为宗旨，以政治安全为根本，统筹外部安全和内部安全、国土安全和国民安全、传统安全和非传统安全、自身安全和共同安全，完善国家安全制度体系，加强国家安全能力建设，坚决维护国家主权、安全、发展利益。这就把坚持总体国家安全观上升到新时代坚持和发展中国特色社会主义基本方略的高度。同时，党的十九大将"坚持总体国家安全观，坚决维护国家主权、安全、发展利益"载入党章。

（三）明确要把贯彻总体国家安全观、防范化解重大风险贯穿国家发展各领域和全过程

党的十九大报告把防范化解重大风险与精准脱贫、污染防治一起作为"两个一百年"奋斗目标的历史交汇期必须打好的三大攻坚战提了出来。2019年1月，习近平在省部级主要领导干部坚持底线思维着力防范化解重大风险专题研讨班上的重要讲话中指出，要坚决贯彻总体国家安全观，

并就防范化解政治、意识形态、经济、科技、社会、外部环境、党的建设等领域重大风险作出深刻分析，提出明确要求。2020年10月，习近平在党的十九届五中全会上指出，坚持总体国家安全观，实施国家安全战略，维护和塑造国家安全，统筹传统安全和非传统安全，把安全发展贯穿国家发展各领域和全过程，防范和化解影响我国现代化进程的各种风险，筑牢国家安全屏障。

（四）明确坚持系统思维构建大安全格局

2020年12月，习近平在十九届中央政治局第二十六次集体学习时强调，做好新时代国家安全工作，要坚持总体国家安全观，抓住和用好我国发展的重要战略机遇期，把国家安全贯穿到党和国家工作各方面全过程，同经济社会发展一起谋划、一起部署，坚持系统思维，构建大安全格局。在这次会议上，习近平就贯彻总体国家安全观提出"十个坚持"的要求，使总体国家安全观内容更加全面、体系更加完备。

（五）明确提出做好国家安全工作的"五个统筹"

2021年11月，党的十九届六中全会审议通过《中共中央关于党的百年奋斗重大成就和历史经验的决议》，系统总结了新时代中国共产党领导国家安全工作取得的重大成就和宝贵经验，对总体国家安全观作了进一步阐述，强调要把握好国家安全工作的"五个统筹"，即统筹发展和安全、统筹开放和安全、统筹传统安全和非传统安全、统筹自身安全和共同安全、统筹维护国家安全和塑造国家安全。这就进一步明确了总体国家安全观对党和国家安全工作的指导地位。该决议还深刻阐述了"两个确立"的决定性意义，为在总体国家安全观指导下进一步做好我国国家安全工作奠定坚固理论和政治基石。

（六）明确推进国家安全体系和能力现代化的总要求

2022年10月，习近平在党的二十大报告中强调，我们要坚持以人民安全为宗旨、以政治安全为根本、以经济安全为基础、以军事科技文化社会安全为保障、以促进国际安全为依托，统筹外部安全和内部安全、国土安全和国民安全、传统安全和非传统安全、自身安全和共同安全，统筹维护和塑造国家安全，夯实国家安全和社会稳定基层基础，完善参与全球安全治理机制，建设更高水平的平安中国，以新安全格局保障新发展格局。党的二十大报告提出的推进国家安全体系和能力现代化总要求，指明了在新时代新征程上维护和塑造国家安全的战略方向。

总体国家安全观形成和发展的过程，是内涵不断丰富、体系不断完备、指导作用不断加强的过程，也是维护和塑造国家安全的能力提升与合力汇聚的过程。总体国家安全观是一种运用系统思维将国家安全状态、能力及其过程理解为一个有机系统的安全观念体系，即从战略和全局的高度看待国家各层面、各领域安全问题，统筹运用各方面资源和手段予以综合解决，实现国家安全多方面内容和要求的有机统一。在总体国家安全观的指导下，中国共产党领导人民不断战胜前进道路上一个个艰难险阻、越过一次次惊涛骇浪，谱写并不断续写新时代国家安全工作的新篇章。

习近平主持召开二十届中央国家安全委员会第一次会议

三、创造性提出总体国家安全观的重大意义

（一）总体国家安全观提出的时代意义

回首 20 世纪以来的历史发展，人类既经历了血腥的热战、冰冷的冷战，也取得了惊人的发展、巨大的进步。这一百多年全人类的共同愿望就是和平与发展。然而，这项任务至今远远没有完成。当前，人类对和平与发展的愿望前所未有，对普遍安全的渴望也前所未有，人类前途命运再次来到何去何从的十字路口。如何继续推进和平与发展大业，在发展的基础上实现安全，在维护安全中推进发展，成为世界之问和时代之问。总体国家安全观深刻反映了新时代中国共产党在统筹中华民族伟大复兴战略全局和世界百年未有之大变局中对维护和塑造国家安全的战略思考和科学回

答，指导新时代中国发展在世界大变局中开创新局，在世界乱局中化危为机，不断在更高水平上实现对发展和安全的统筹，这是对如何在推动构建人类命运共同体中实现世界普遍安全这一课题的科学回答。

（二）总体国家安全观提出的政治意义

当前我国国家安全的内涵和外延比历史上任何时候都要丰富，时空领域比历史上任何时候都要宽广，内外因素比历史上任何时候都要复杂。在百年变局下，我国政治、国土、军事等传统安全领域的威胁仍然存在，经济、文化、社会、科技等非传统安全领域的问题日益凸显，网络犯罪、环境灾难、重大疫情、自然灾害等众多因素相互影响、叠加共振，许多系统性、关键性风险因素的不确定性显著增加。总体国家安全观深刻反映了时代变革和发展对国家安全工作的规律性新要求，为增强做好新时代国家安全工作的政治判断力、政治领悟力和政治执行力提供了指导。党的十九大将坚持总体国家安全观纳入新时代坚持和发展中国特色社会主义的基本方略，并写入党章。党的二十大进一步强调，必须坚定不移贯彻总体国家安全观。这些都反映了全党全国人民的共同意志。

（三）总体国家安全观提出的理论意义

第一，对马克思主义国家安全理论作出了重大原创性贡献。国家安全理论是马克思主义国家学说的重要组成部分。马克思深刻揭示了国家安全的阶级性，指出资产阶级社会"没有借助安全这一概念而超出自己的利己主义。相反，安全是它的利己主义的保障"[①]。资产阶级的国家安全，本质上是维护资产阶级的阶级安全和利益安全，这也在根本上决定了资产阶级国家安全的虚假性。"他们要永远维持强权、欺骗和冒险的结果，把这叫做安全。为了维持这种虚假的安全，人类的全部生产力就毫不怜惜地被当做牺牲品了。"[②] 列宁也在批判资产阶级国家安全的基础

[①] 《马克思恩格斯文集》第一卷，人民出版社2009年版，第42页。
[②] 《马克思恩格斯文集》第六卷，人民出版社2009年版，第359页。

上深刻指出："一切革命的根本问题是国家政权问题。"[①] 在科学分析资产阶级国家安全的阶级性和虚假性的基础上，马克思主义国家学说深刻回答了无产阶级及其政党如何建立劳动人民的国家政权并捍卫人民安全的重大课题，科学阐述了无产阶级必须打碎旧的国家机器并建立自己的国家政权、必须坚持无产阶级专政和人民政权的性质、必须坚持马克思主义政党在国家政权中的领导核心作用、必须坚持运用科学的理论来掌握群众等重要原理，为维护社会主义国家安全提供了理论指导。总体国家安全观在运用这些重要原理的基础上，全面、系统、深刻地总结了中国共产党维护国家安全的理论和实践，把保证国家安全作为事关实现中华民族伟大复兴中国梦的头等大事，把统筹发展和安全作为治国理政的重大原则，把安全列入人民日益增长的美好生活需要范畴之中，并且在传统安全和非传统安全、自身安全和共同安全、维护安全和塑造安全的结合中深化了对国家安全内涵和外延的认识与实践，用一系列具有原创性、时代性的新观点深化了对马克思主义国家安全理论的认识，开辟出马克思主义国家安全理论发展的新阶段。

第二，继承创新了中华优秀传统战略文化。中华民族是一个具有高度战略思维能力的民族，在几千年的历史积淀中，形成了丰富的优秀传统战略文化。如强调忧患意识，主张"于安思危，于治忧乱"；注重民本思想，主张"民惟邦本，本固邦宁"；倡导和平共处，主张"和衷共济""和合共生"；强调讲信修睦，主张"亲仁善邻，国之宝也"；力求内外兼顾，主张"内事文而和，外事武而义"；推崇张弛有度，主张"文武之道，一张一弛"；重视群策群力，主张"治乱安危，存亡荣辱之施，非一人之力也"；看重内省慎独，主张"每思危亡以自戒惧，用保其终"；等等。这些战略文化生动体现了中华民族对世界的认识和看法。总体国家安全观继承和发展了这些战略文化思想遗产，赋予马克思主义国家安全理论中华民

[①] 《列宁选集》第三卷，人民出版社2012年版，第19页。

族特色，开拓出中华优秀传统战略文化思想的新阶段。

> **知识拓展**
>
> 民为邦本，本固邦宁
>
> 中华优秀传统文化包含深厚的民本思想，深深影响了中国社会几千年。据《尚书·夏书·五子之歌》记载，大禹之孙太康，因为没有德行，沉迷游乐，长期在外田猎不归，招致百姓反感，被后羿侵占了国都。他的母亲和五个弟弟被赶到洛河边，追述大禹的告诫，而作《五子之歌》："皇祖有训，民可近，不可下，民为邦本，本固邦宁。"意思是说，人民是用来亲近的，不能轻视与低看。人民才是国家的根基，只有根基牢固，国家才能安定。

第三，推进了世界安全理论的创新。总体国家安全观立足中国自身安全，坚持推进国际共同安全，在普遍安全的战略新格局中，积极倡导共同、综合、合作、可持续的全球安全观，推动塑造合作包容的国家安全理念，从而科学回答了如何通过自身安全推进实现共同安全并构建人类安全共同体的时代命题。总体国家安全观超越了西方政治理论中基于现实主义和自由主义的安全理念，摒弃了零和博弈、绝对安全、结盟对抗等旧思维，摆脱了均势战略、地缘战略、威慑战略等旧的国家安全战略，在理论上科学指明了如何走出一条共建共享共赢的世界安全新道路。总体国家安全观充分阐述中国特色国家安全治理的价值理念、工作思路和机制路径，为那些既希望维护社会安全稳定又希望保持自身独立性的国家提供了重要借鉴，开创出世界安全理论发展的新阶段。

（四）总体国家安全观提出的实践意义

总体国家安全观是新时代国家安全工作的根本遵循和行动指南。总体国家安全观是对党领导国家安全工作实践经验的系统理论总结，根植于党领导国家安全工作的长期历史实践，创造于新时代国家安全工作斗争的新鲜经验，以一系列规律性的新认识发展和创新了党领导国家安全工作的理念、方法和机制体制。总体国家安全观着眼中国特色社会主义事业全局，强调国家安全工作的全面性、整体性和系统性；重视在维护和塑造国家安全的工作中统筹国内国际两个大局，统筹发展和安全两件大事；关注各领域安全问题的关联及其统筹，把各领域涉及国家安全的实践统筹到国家安全的总体性谋划中；协调解决当前国家安全的紧迫问题和长期战略问题，既突出维护重点领域国家安全的主阵地主战场，又循序渐进全面提升维护和塑造国家安全的能力，在国家安全工作中展现了强大的真理力量和实践伟力。

为强国建设民族复兴提供国家安全坚强保障

第二节　总体国家安全观的科学内涵

总体国家安全观内涵丰富、思想深邃、体系完备，凝结着中国共产党领导国家安全工作的宝贵历史经验和新鲜实践经验，以一系列创新性认识深刻反映了对我国国家安全工作新的规律性把握，彰显了理论与实践相结合、认识论与方法论相统一的显著特色。

一、总体国家安全观的"十个坚持"

2020年12月，习近平在十九届中央政治局第二十六次集体学习时指出："党的十八大以来，党中央加强对国家安全工作的集中统一领导，把坚持总体国家安全观纳入坚持和发展中国特色社会主义基本方略，从全局和战略高度对国家安全作出一系列重大决策部署，强化国家安全工作顶层设计，完善各重要领域国家安全政策，健全国家安全法律法规，有效应对了一系列重大风险挑战，保持了我国国家安全大局稳定。"[1] 在此基础上，习近平就贯彻总体国家安全观全面系统地提出了十个方面的要求，即"十个坚持"，这也是总体国家安全观核心要义的集中体现。

一是坚持党对国家安全工作的绝对领导。坚持党中央对国家安全工作的集中统一领导，加强统筹协调，把党的领导贯穿到国家安全工作各方面全过程，推动各级党委（党组）把国家安全责任制落到实处。

二是坚持中国特色国家安全道路。贯彻总体国家安全观，坚持政治安全、人民安全、国家利益至上有机统一，以人民安全为宗旨，以政治安全为根本，以经济安全为基础，捍卫国家主权和领土完整，防范化解重大安全风险，为实现中华民族伟大复兴提供坚强安全保障。

三是坚持以人民安全为宗旨。国家安全一切为了人民、一切依靠人民，充分发挥广大人民群众积极性、主动性、创造性，切实维护广大人民群众安全权益，始终把人民作为国家安全的基础性力量，汇聚起维护国家安全的强大力量。

四是坚持统筹发展和安全。坚持发展和安全并重，实现高质量发展和高水平安全的良性互动，既通过发展提升国家安全实力，又深入推进国家安全思路、体制、手段创新，营造有利于经济社会发展的安全环境，在发展中更多考虑安全因素，努力实现发展和安全的动态平衡，全面提高国家安全工作能力和水平。

五是坚持把政治安全放在首要位置。维护政权安全和制度安全，更加积极主动做好各方面工作。

六是坚持统筹推进各领域安全。统筹应对传统安全和非传统安全，发挥国家安全工作协调机制作用，用好国家安全政策工具箱。

七是坚持把防范化解国家安全风险摆在突出位置。提高风险预见、预

---

[1] 《习近平谈治国理政》第四卷，外文出版社2022年版，第390页。

判能力,力争把可能带来重大风险的隐患发现和处置于萌芽状态。

八是坚持推进国际共同安全。高举合作、创新、法治、共赢的旗帜,推动树立共同、综合、合作、可持续的全球安全观,加强国际安全合作,完善全球安全治理体系,共同构建普遍安全的人类命运共同体。

九是坚持推进国家安全体系和能力现代化。坚持以改革创新为动力,加强法治思维,构建系统完备、科学规范、运行有效的国家安全制度体系,提高运用科学技术维护国家安全的能力,不断增强塑造国家安全态势的能力。

十是坚持加强国家安全干部队伍建设。加强国家安全战线党的建设,坚持以政治建设为统领,打造坚不可摧的国家安全干部队伍。

二、总体国家安全观的"五个统筹"

"五个统筹",即统筹发展和安全、统筹开放和安全、统筹传统安全和非传统安全、统筹自身安全和共同安全、统筹维护国家安全和塑造国家安全,体现了贯穿于总体国家安全观的系统思维和科学方法。

第一,统筹发展和安全。统筹发展和安全,既是重大理论问题,也是重大实践问题。发展和安全这两个方面相互支撑、相互作用、相互转化、有机统一。没有经济社会发展,就不可能实现国家长治久安、社会安宁有序、人民安居乐业。同样,没有国家安全,也不可能实现经济社会可持续发展,已经取得的发展成果也终会丧失。因此,发展和安全始终相辅相成,不可偏废,有机统一于党领导人民进行革命、建设、改革的历程中。

第二,统筹开放和安全。开放和安全相互促进。统筹开放和安全,就是要继续推进高水平对外开放,同时要坚决守住对外开放的安全底线。开放是国家繁荣发展的必由之路,已经成为当代中国的鲜明标识。新时代新征程,我国将坚定不移扩大高水平对外开放,推动经济全球化朝着更加开放、包容、普惠、平衡、共赢方向发展。与此同时,必须清醒认识到对外开放过程中更易于受到诸如西方经济霸权、"颜色革命"、文化渗透、"长臂管辖"等威胁，更可能面临重要战略资源和关键核心技术流失、重点优质企业被掐尖、关键基础设施被掌控等风险，从而影响社会稳定和国家安全。因此，必须顺应当今国际形势发展的新特点和国家安全工作的新要求，在推进高水平对外开放的过程中切实坚守国家安全底线，实现改革开放与国家安全建设的相互促进。

第三，统筹传统安全和非传统安全。传统安全和非传统安全交织重叠。当前，非传统安全中的问题往往与传统安全威胁有着千丝万缕的联系。因此，我国国家安全既要重视传统安全，又要重视非传统安全。总体国家安全观超越了传统安全和非传统安全"非此即彼"的思维模式，科学建构了集多种传统安全和非传统安全要素于一体的新型国家安全理论形态，鲜明体现了对国家安全传统领域和非传统领域进行综合治理的系统思维。

第四，统筹自身安全和共同安全。自身安全和共同安全不可分割。当今世界，各国相互联系、相互依存的程度空前加深，每个国家都不可能置身事外而独安。因此，追求本国自身安全的同时必须考虑自身安全与他国安全的关系，尊重各国在共同安全基础上寻求自身的发展和安全，而不能将自身安全与他国安全分割对立，为了一己安全在国家之间进行破坏性竞争，激化矛盾冲突或推动战争。总体国家安全观倡导的共同安全，既确立了一种全新的安全目标，又指明了实现这种安全目标的途径，创造性回答了如何在实现自身安全的同时维护和推进共同安全这一世界性难题。

第五，统筹维护国家安全和塑造国家安全。维护国家安全和塑造国家安全相辅相成。当前国际形势复杂多变，我国国家安全面临的风险挑战前所未有。同时，我国发展危和机同生并存，风险和机遇相互转化。维护国家安全是总体国家安全观的基本要求，塑造国家安全则是更高层次更具前瞻性的目标要求。一方面，要积极维护国家安全，防范化解重大安全风险隐患，有效应对各类威胁挑战；另一方面，更要塑造国家安全，把握国家安全的发展规律，善于从当前危机、眼前困难中捕捉和创造机遇，主动布局，谋长远之策，行固本之举，营造有利的国家安全环境和良好的国家安全态势。

第三节　总体国家安全观的重点领域和基本特征

总体国家安全观涵盖的领域十分广泛，涉及国家安全的各个方面、各个环节。这些领域的安全相互联系、相互影响，共同构成了体现总体国家安全观内在要求的大安全体系和新安全格局，并呈现出一系列鲜明特征。

一、总体国家安全观涵盖的重点领域

总体国家安全观涵盖的重点领域包括政治安全，国土安全，军事安全，经济安全，金融安全，文化安全，社会安全，科技安全，网络、人工智能、数据安全，粮食安全，生态安全，资源安全，核安全，海外利益安全，生物安全，太空安全，深海安全，极地安全等多种领域安全，这些重点领域构成了新时代我国国家安全的主阵地和主战场。

政治安全主要是指国家政权、政治制度、政治秩序以及意识形态等方面免受威胁、侵犯、颠覆和破坏的客观状态，以及保障、维护和塑造持续安全状态的能力。政治安全主要包括政权安全、制度安全和意识形态安全。

国土安全主要是指国家主权范围内的领土、领海、领空的安全，主要包括领土主权不受侵犯、领土完整不被分裂，以及领土、领海、领空及自然资源、基础设施等要素的安全，不受威胁、不受恐怖主义袭击、不受大规模杀伤性武器的影响的状态，以及保障、维护和塑造持续安全状态的能力。

军事安全主要是指国家不受外部军事入侵和战争威胁的状态，以及保障、维护和塑造持续安全状态的能力。维护军事安全的目的是捍卫国家主权、安全、领土完整，确保政权不被外部势力所颠覆，为国家安全建设提供坚强支撑。

经济安全主要是指国家在其经济发展中能够保持推动经济发展所需资源的有效供给，使得国家经济体系能够实现相对独立稳定运行、不受威胁和免受恶意侵害的状态，以及保障、维护和塑造持续安全状态的能力。经济安全主要包括维护基本经济制度安全、经济主权安全、经济秩序安全、经济发展道路安全、重点经济领域安全等。

文化安全主要是指国家文化相对处于没有危险和不受内外威胁的状态，以及保障、维护和塑造持续安全状态的能力。文化安全主要包括增强文化自信自强、践行社会主义核心价值观、传承发展中华优秀传统文化等方面的安全。

社会安全主要是指防范、缓解、消除直接威胁社会公共秩序和人民群众生命财产安全的治安、刑事、暴力恐怖事件等，维护社会秩序和保护社会安宁的状态，以及保障、维护和塑造持续安全状态的能力。社会安全主要包括社会治安维护、自然灾害和事故灾难应对、公共卫生事件应对、社会舆情治理等内容。

科技安全主要是指国家科技体系完整有效，国家重点领域核心技术安全可控，国家核心利益和安全不受外部科技优势危害，以及保障、维护和塑造持续安全状态的能力。科技安全主要包括科技自身安全和科技支撑保障相关领域安全，涵盖科技人才、设施设备、科技活动、科技成果、成果应用等方面的安全。

网络、人工智能、数据安全。网络安全主要是指通过采取必要措施，防范对网络的攻击、侵入、干扰、破坏和非法使用及意外事故，保障网络数据的完整性、保密性、可用性，使网络处于稳定可靠运行的状态，以及通过有效管控网络违法和不良信息，防范化解该类信息传播所产生的风险的能力。人工智能安全主要是指通过采取必要措施,防范对人工智能系统的攻击、侵入、干扰、破坏和非法使用及意外事故,使人工智能系统处于稳定可靠运行的状态,以及保障人工智能算法模型、数据、系统和产品应用的安全性、可靠性、可控性等的能力。数据安全主要是指通过采取必要措施,确保数据处于有效保护和合法利用的状态,以及保障、维护和塑造持续安全状态的能力。

生态安全即生态环境安全,主要是指国家具有支撑国家生存发展的较为完整的不受威胁的生态系统,具备应对内外重大生态问题的能力,以及保障、维护和塑造持续安全状态的能力。生态安全主要包括生态空间安全、生态系统安全、人居环境安全、全球生态环境挑战应对安全等。

资源安全主要是指国家可以持续、稳定、充足、经济地获取所需自然资源和资源性产品的状态,以及保障、维护和塑造持续安全状态的能力。资源安全主要包括可再生资源安全和不可再生资源安全。

核安全主要是指对核设施、核活动、核材料和放射性物质采取必要和充分的监控、保护、预防和缓解等安全措施,防止由于任何技术原因、人为原因或自然灾害造成事故,并最大限度地减少事故情况下的放射性后果,从而保护工作人员、公众和环境免受不当的辐射危害,以及保障、维护和塑造持续安全状态的能力。核安全主要包括核设施安全、核材料及放射性废物安全、防止核扩散等。

海外利益安全主要是指在国际市场上国家的利益处于一种相对和平与稳定的状态,以及保障、维护和塑造持续安全状态的能力。海外利益安全主要包括海外能源资源安全,海上战略通道安全,海外资产安全,海外公民、机构、企业安全,海外战略性利益安全等。

除上述领域外,总体国家安全观涵盖的重点领域还包括金融安全、粮食安全以及生物安全、太空安全、深海安全、极地安全等。我国在这些领域有着现实和潜在的重大国家利益,也面临诸多的风险挑战,必须维护好这些领域的安全。

以上重点领域相互关联、相互支撑，鲜明体现了总体国家安全观的总体性，构成中国特色国家安全体系的"四梁八柱"。随着时代和实践的发展，总体国家安全观所涵盖的领域还将进一步扩大和发展。

二、总体国家安全观的基本特征

总体国家安全观的关键在"总体"。这表明国家安全已不仅仅是传统的政治、国土、军事安全，也不是传统安全和非传统安全的简单相加，更不是各领域安全的机械叠加，而是传统安全和非传统安全有机融合、彼此融通构成的系统和整体。概括地讲，总体国家安全观具有以下基本特征。

第一，涵盖领域上的全面性。新时代我国国家安全是具有全面性的"大安全"。总体国家安全观强调传统安全和非传统安全并重，强调国家安全全面覆盖各重点领域，强调各领域各方面安全共同构成总体国家安全。与此同时，总体国家安全观涵盖的重点领域也是根据安全形势的发展而不断扩展的，如生物、太空、深海、极地、金融、粮食等领域安全都是随着国家安全实践的发展而被纳入的。这些都生动体现了总体国家安全观的全面性特征。

第二，认识方法上的系统性。总体国家安全观所涉安全领域的形式和内容虽然各不相同，但某一领域的局部一旦出现问题，就可能串联起来演化为危及国家安全的重大问题。同时，各领域安全是相互关联、相互影响的，构成系统性安全。比如，科技安全的问题可能演化成经济安全的问题，网络安全的问题会催生社会安全的问题，国土安全的问题往往朝着政治安全的问题演变，生态安全的问题时常导致资源安全的问题。因此，确保整体的国家安全，既要确保每个领域的安全，也要确保系统性安全。

第三，实践推进上的统筹性。总体国家安全观科学阐释了安全和发展辩证统一的关系，强调二者要共同发力、同步推进、一体建设。没有良好的安全环境，就不能集中精力推动各项建设事业向前发展。同样，没有获得长足发展，也不可能从根本上破解国家安全面临的突出矛盾和问题，只有依靠发展成果，才能更好地防范化解各类风险挑战。无论是中国还是世界的经验都表明，只有高质量发展才能推动高水平安全；反过来说，只有高水平安全才能保障高质量发展。总体国家安全观对安全和发展的统筹性思考以及在此基础上对开放和安全、传统安全和非传统安全、自身安全和共同安全、维护国家安全和塑造国家安全的统筹，体现了中国共产党领导国家安全工作的卓越理论智慧和强大政治能力。

第四，安全效果上的可持续性。国家谋求安全，不是权宜之计，而是为了长治久安，不是一蹴而就，而是久久为功。可持续性不仅是经济社会发展的要求和目标，也是维护和塑造国家安全的要求和目标。总体国家安全观是在顺应人民安全的需要中创立的，也将在进一步适应人民安全的需要中不断发展。总体国家安全观坚持动态的、发展的、综合的、开放的可持续安全理念，强调以可持续安全保障可持续发展、以可持续发展促进可持续安全，指导推动我国国家安全体系和能力现代化不断发展，国家安全工作得到全面加强，人民群众的安全感不断提高。在坚持安全和发展并重、维护和塑造国家安全统一中实现安全效果上的可持续性，成为总体国家安全观的鲜明特征。

思考题

1. 如何把握中国共产党国家安全思想演进的主要阶段？
2. 如何理解总体国家安全观的核心要义？
3. 总体国家安全观的系统思维和科学方法主要体现在哪些方面？
4. 如何理解总体国家安全观的关键在"总体"？

第二章 在党的领导下走好中国特色国家安全道路

道路问题是关系党的事业兴衰成败第一位的问题,道路就是党的生命。中国共产党领导人民在捍卫国家主权、安全、发展利益的艰辛斗争中,创造性走出一条中国特色国家安全道路。中国特色国家安全道路本质上是中国特色社会主义道路在国家安全上的具体体现,集中反映了贯彻总体国家安全观的实践要求。在复杂严峻的国家安全形势下,必须在党的领导下坚定走好中国特色国家安全道路,不断开创我国国家安全工作的新局面。

第一节 坚持党对国家安全工作的绝对领导

中国共产党领导是中国特色社会主义最本质的特征,是中国特色社会主义制度的最大优势。做好新时代国家安全工作,必须毫不动摇地坚持党对国家安全工作的绝对领导这一根本原则,充分发挥党的领导制度体系的显著优势,不断在更高水平上维护和塑造国家安全。

> 中国最大的国情就是中国共产党的领导。什么是中国特色?这就是中国特色。中国共产党领导的制度是我们自己的,不是从哪里克隆来的,也不是亦步亦趋效仿别人的。无论我们吸收了什么有益的东西,最后都要本土化。
>
> ——习近平在参加河南省兰考县委常委班子专题民主生活会时的讲话(2014年5月9日)

一、坚持党的绝对领导是做好国家安全工作的根本原则

坚持党对国家安全工作的绝对领导，是我国国家安全工作必须始终遵循的根本原则。事在四方，要在中央。中国共产党是中国特色社会主义事业的领导核心，处在总揽全局、协调各方的地位。党确立习近平同志党中央的核心、全党的核心地位，确立习近平新时代中国特色社会主义思想的指导地位，"两个确立"对于开创新时代国家安全工作新局面具有决定性意义。国家安全工作事关党的执政地位和国家存亡，必须毫不动摇坚持党对国家安全工作的绝对领导。

坚持党对国家安全工作的绝对领导，是维护国家安全和社会稳定的根本保证。面对新时代新征程我国国家安全面临的复杂严峻形势，迫切需要通过加强党对国家安全工作的绝对领导，为强国建设、民族复兴伟业提供国家安全坚强保障。要深入贯彻落实总体国家安全观，把思想和行动统一到党中央对国家安全工作的总体部署上来，坚持以党的旗帜为旗帜、以党的方向为方向、以党的意志为意志，确保思想一致、行动一致、步调一致。要自觉把工作放在党中央工作大局中考量和部署，自觉做到党中央提倡的坚决响应、党中央决定的坚决执行、党中央禁止的坚决不做，执行党中央决策部署不讲条件、不打折扣、不搞变通。

新中国成立以来党领导国家安全工作的历程深刻表明，只有坚持党对国家安全工作的绝对领导，充分发挥党的领导优势，才能维护国家安全、实现社会稳定，国家安全工作也才能沿着正确方向和道路不断前进和发展，这在根本上关系国家长治久安，是维护和塑造国家安全最坚强的保证。

二、准确把握党对国家安全工作绝对领导的实践要求

《国家安全法》第 4 条规定："坚持中国共产党对国家安全工作的领导，建立集中统一、高效权威的国家安全领导体制。"新时代坚持党对国

家安全工作的绝对领导，就是要完善集中统一、高效权威的国家安全领导体制，目的是要使党对涉及党和国家事业全局的重大工作实施更为有效的统领和协调。2014年1月，十八届中央政治局召开会议，研究决定中央国家安全委员会设置。中央国家安全委员会是党中央关于国家安全工作的决策和议事协调机构，向中央政治局、中央政治局常务委员会负责，负责涉及国家安全重大工作的顶层设计、总体布局、统筹协调、整体推进，其主要职责是制定实施国家安全战略，推进安全法治建设，制定国家安全工作方针政策，研究国家安全工作中的重大问题。在国家安全工作中，坚持党的绝对领导必然要求合适的组织和实现方式，落实好国家安全工作责任制，是坚持党的绝对领导的重要方式。各级党委和政府是维护国家安全的责任主体，肩负着维护国家安全的重要职责，要发挥好本地区、本部门在国家安全工作中的领导作用。要按照中央国家安全委员会决策部署，管理好本地区本部门涉国家安全事务。中央国家安全委员会自成立以来，坚持党的全面领导，贯彻落实总体国家安全观，我国国家安全工作得到全面加强，牢牢掌握了维护国家安全的全局性主动。

知识拓展

国家安全委员会已成为"大国标配"

从全球范围来看，设立国家安全委员会几乎是大国的标准配置。美国早在1947年就根据其《国家安全法》设立了国家安全委员会。俄罗斯、法国、印度等国也都设立了类似机构。党的十八届三中全会决定成立国家安全委员会，是一项带有战略性、全局性、创新性的重大决策，能够加强党对国家安全工作的绝对领导，具有深远的历史意义和战略影响。

坚持党对国家安全工作的绝对领导，就是要把党的领导贯穿到国家安全工作各方面全过程。要建立健全坚持和加强党的领导的组织体系、制度体系、工作机制，形成落实党的领导纵到底、横到边、全覆盖的工作格局。要不断提高党把方向、谋大局、定政策、促改革的能力和定力，把贯彻党中央精神体现到谋划重大战略、制定重大政策、部署重大任务、推进重大工作的实践中去，经常对标对表，及时校准偏差。要抓住突出短板和薄弱环节，分清轻重缓急，加强政策配套、协同攻坚、督查落实，落实国家安全工作领域各项目标任务。

三、新时代党领导国家安全工作的开创性成就

党的十八大以来，在贯彻落实总体国家安全观的过程中，我国国家安全得到全面加强，经受住了来自政治、经济、意识形态、自然界等方面的挑战和考验。新时代党领导国家安全事业取得的一系列开创性成就，构成了新时代党和国家事业历史性成就、历史性变革的重要组成部分，为党和国家兴旺发达、长治久安提供了有力保证。

第一，加强国家安全体系和安全能力建设。设立了中央国家安全委员会，加强了党对国家安全工作的绝对领导，完善了集中统一、高效权威的国家安全领导体制，建立了国家安全工作协调机制和应急管理体系，国家安全法治体系、战略体系、政策体系不断完善，国家安全体系基本形成，国家安全能力显著提升。加强国家安全宣传教育和全民国防教育，巩固国家安全人民防线。在党的坚强领导下，人民群众积极参与到防范和严厉打击敌对势力渗透、破坏、颠覆、分裂活动的广泛斗争中，积极参与到对发展风险的防范化解中，积极参与到对更高水平社会公共安全的塑造中，有力维护和加强了国家安全。

第二，以坚定意志和坚强毅力维护国家主权、安全、发展利益，坚持把安全发展贯穿国家发展各领域全过程，国家安全得到全面加强。进入新

时代以来，我国坚定维护国家政权安全、制度安全、意识形态安全，在原则问题上坚守底线、寸步不让，深刻认识到一味退让只能换来得寸进尺的霸凌，委曲求全只能招致更为屈辱的境况，坚决顶住和反击外部极端打压遏制，涉港、涉台、涉疆、涉藏、涉海等领域的斗争不断深入，推动香港局势实现由乱到治的重大转折，稳步推进兴边富民、稳边固民，妥善处置周边安全风险，反渗透反恐怖反分裂斗争卓有成效。防范化解一系列来自各领域影响我国现代化进程的重大风险。防控经济金融风险取得重大进展，关键核心技术攻关取得重要成果，生态文明建设发生历史性、转折性、全局性变化，妥善应对重大自然灾害，统筹疫情防控和经济社会发展取得重大成果，维护网络、人工智能、数据、生物等领域安全的能力持续增强。

第三，健全和完善国家安全法治体系。把维护国家安全放在立法工作的重要位置，制定或修改20余部与国家安全直接相关的法律、110余部含有国家安全条款的法律法规。主要有：维护总体国家安全的《国家安全

维护国家安全的"九柄利剑"

法》；维护政治安全的《反间谍法》《国家情报法》《保守国家秘密法》《密码法》；维护国土安全的《陆地国界法》；维护军事安全的《国防法》《兵役法》《人民武装警察法》《军事设施保护法》《国防交通法》《海警法》；维护经济安全的《出口管制法》；维护社会安全的《反恐怖主义法》《境外非政府组织境内活动管理法》；维护网络安全的《网络安全法》《数据安全法》《个人信息保护法》；维护粮食安全的《粮食安全保障法》；维护核安全的《核安全法》；维护生物安全的《生物安全法》；维护深海安全的《深海海底区域资源勘探开发法》。加强涉外领域立法，制定《反外国制裁法》《对外关系法》《外国国家豁免法》，健全完善反制裁、反干涉、反"长臂管辖"的法律制度。制定《香港特别行政区维护国家安全法》，建立健全香港特别行政区维护国家安全的法律制度和执行机制。此外，《国家安全法》《爱国主义教育法》等对开展国家安全教育作出明确规定。通过完善

国家安全法治体系，充分运用法律手段维护国家安全，基本形成一套立足基本国情、体现时代特点、适应战略安全环境需要的，系统完备、科学规范、运行有效的中国特色国家安全法治体系。

第四，进一步健全共建共治共享的社会治理制度。在践行总体国家安全观的过程中，我国共建共治共享的社会治理制度不断发展和完善，有效遏制了民族分裂势力、宗教极端势力、暴力恐怖势力。2018年以来开展的为期三年的扫黑除恶专项斗争取得重要阶段性成果，黑恶势力得到有效铲除，社会治安环境显著改善，法治权威充分彰显，基层基础全面夯实，人民群众获得感、幸福感、安全感不断提升，平安中国建设迈向更高水平，这有力巩固了维护国家安全的社会基础。

第二节　坚持中国特色国家安全道路

独特的文化传统、独特的历史、独特的国情决定了我国必须走适合自己特点的发展道路，也决定了我国必须走具有自身特色的国家安全道路。历史充分表明，中国特色国家安全道路是顺应时代发展潮流、适合中国自身特点的唯一正确的道路。在这条道路上，党领导人民开辟了国家安全治理新路径，为推动和完善全球安全治理贡献了中国方案。

一、中国特色国家安全道路的科学内涵

党的十八大以来，以习近平同志为核心的党中央坚持总体国家安全观，以人民安全为宗旨，以政治安全为根本，以经济安全为基础，以军事、科技、文化、社会安全为保障，以促进国际安全为依托，走出一条中国特色国家安全道路。

以人民安全为宗旨，就是要坚持以人民为中心，坚持国家安全一切

为了人民，一切依靠人民。国泰民安是人民群众最基本、最普遍的愿望。维护和塑造国家安全本质上就是国家维护和发展人民的根本利益，为人民创造良好的生存发展条件和安定的工作生活环境，保障人民的生命财产安全和其他合法权益。改革开放以来，我国经济快速发展，社会持续稳定，人民生活水平不断提高；积极发展全过程人民民主，充分保障人民的生存权和发展权；积极进行生态环境治理，严厉打击暴力恐怖活动，保障食品安全和药品安全。这些都是以人民安全为宗旨在国家安全工作中的充分体现。做好国家安全工作必须充分依靠广大人民群众，不断增强广大人民群众的国家安全意识，筑牢国家安全的人民防线和群众基础。

以政治安全为根本，就是要坚持党的领导和中国特色社会主义制度不动摇，把政权安全、制度安全放在首要位置，为国家安全提供根本政治保证。政治安全直接关系国家长治久安，关系中华民族伟大复兴，关系人民福祉。没有政治安全，守不住政治安全的防线，就不会有经济社会的安全、稳定和繁荣。只有从维护政治安全的高度谋划和推进其他领域安全，才能更好地保障国家利益，保证党长期执政和人民安居乐业，推进全面建设社会主义现代化国家。

以经济安全为基础，就是要确保国家经济发展不受侵害，促进经济持续稳定健康发展，全面提高国家经济实力，为国家安全提供坚实的物质基础。经济基础决定上层建筑。只有维护国家经济安全，才能保障国家发展，也才能具备改善民生、治理生态环境、推进实现共同富裕的基本条件。没有经济安全，国家安全就失去了物质基础。经济安全是赢得民心、巩固政权、稳定社会的必要保障。中国特色社会主义进入新时代，党提出"五位一体"总体布局、"四个全面"战略布局，提出并贯彻创新、协调、绿色、开放、共享的新发展理念，加快构建以国内大循环为主体、国内国际双循环相互促进的新发展格局，不断推动实现我国经济高质量发展。这些都深刻表明，只有努力形成高质量经济发展和高水平国家安全的良性互动，国家安全才能得到强大的保障。

以军事、科技、文化、社会安全为保障，就是要遵循不同领域的特点和规律，为维护国家安全提供硬实力和软实力的保障。军事、科技、文化、社会安全与其他领域安全相互影响，只有切实维护军事、科技、文化、社会领域的安全，充分关注新情况新问题，建立强基固本的战略设计和对策措施，才能构建起这些领域的国家硬实力和软实力，加强各领域安全对总体国家安全的支撑力度，为国家安全提供系统性保障。

以促进国际安全为依托，就是要在奉行独立自主的和平外交政策的基础上，始终不渝地坚持走和平发展道路，推动共同、综合、合作、可持续的全球安全观，实现并不断巩固共同安全。共同安全就是尊重和保障每个国家的安全，求同存异，相互尊重。在国际社会中，国家实力强弱不同、发展阶段不同、政治体制不同、利益诉求不同，但每个国家都是国际社会平等的成员，在安全互动中都是利益攸关方，是相互依赖、休戚与共的命运共同体。当今世界，任何一个国家的发展都离不开其他国家的协作与支持，地区性的安全问题往往会波及其他国家，威胁人类社会共同价值和利益，任何国家都不可能独善其身。坚持共同安全，是走好中国特色国家安全道路的必然要求，也是中国式现代化作为走和平发展道路的现代化的必然要求。

中国特色国家安全道路的科学内涵，也是总体国家安全观的"五大要素"，清晰揭示出国家安全是一个不可分割的安全体系。"五大要素"中的每一要素既各有侧重，又必然与其他四个要素相互联系、相互影响，深刻反映了中国特色国家安全道路的基本要求。

二、中国特色国家安全道路的重要特征

习近平指出："我们治国理政的本根，就是中国共产党领导和社会主义制度。我们思想上必须十分明确，推进国家治理体系和治理能力现代

化,绝不是西方化、资本主义化!"① 在我国国家安全工作中也是这样。党的领导和中国特色社会主义制度是中国特色国家安全道路的"本根",这也是中国特色国家安全道路与其他国家安全道路的本质区别,决定了中国特色国家安全道路的一系列重要特征。

第一,坚持党的绝对领导,完善集中统一、高效权威的国家安全领导体制,实现政治安全、人民安全、国家利益至上相统一。要坚定不移贯彻中央国家安全委员会主席负责制,在国家安全工作中深化对"两个确立"决定性意义的认识,增强"四个意识"、坚定"四个自信"、做到"两个维护",把党中央关于国家安全工作的决策部署落实到位。坚持党的绝对领导,完善集中统一、高效权威的国家安全领导体制,最终是要实现政治安全、人民安全、国家利益至上相统一。政治安全是国家安全的根本,人民安全是国家安全的宗旨,国家利益至上是国家安全的准则。国家利益至上是实现政治安全和人民安全的要求,要把国家利益作为制定国家安全战略的出发点,更坚决有效地维护好捍卫好国家利益,尤其是核心利益。只有坚持政治安全、人民安全、国家利益至上三者有机统一,才能实现人民的安居乐业、党的长期执政和国家的长治久安。

第二,坚持捍卫国家主权和领土完整,维护边疆、边境、周边安定有序。国家主权和领土完整是国家的核心利益。习近平指出:"我们绝不允许任何人、任何组织、任何政党、在任何时候、以任何形式、把任何一块中国领土从中国分裂出去,谁都不要指望我们会吞下损害我国主权、安全、发展利益的苦果。"② 这充分表明了中国共产党坚持捍卫国家主权和领土完整的坚强意志和坚定决心。我国边疆地域辽阔,海陆边界线长,周边邻国多,影响国家安全的周边因素很多;少数西方国家长期在我国边疆、边境、周边"搞事情",试图挑拨我国边疆、边境地区的矛盾以及我国与

---

① 中共中央党史和文献研究院编:《习近平关于总体国家安全观论述摘编》,中央文献出版社 2018 年版,第 24 页。
② 《习近平著作选读》第一卷,人民出版社 2023 年版,第 627 页。

周边国家的关系。因此,捍卫国家主权和领土完整,必须维护边疆、边境、周边安定有序。

第三,坚持统筹发展和安全,推动高质量发展和高水平安全动态平衡。发展是提升国家安全实力的基础和前提,安全是可持续发展的支撑和保障。我国要破解面对的突出矛盾和问题,防范化解各类风险隐患,归根到底要靠发展。只有经济持续健康发展,才能筑牢国家繁荣富强、人民幸福安康、社会稳定有序的物质基础。在新发展阶段上要贯彻新发展理念、构建新发展格局,前提都是国家安全、社会稳定。只有统筹好发展和安全,以新安全格局保障新发展格局,实现高质量发展和高水平安全良性互动,通过发展提升国家安全实力,营造有利安全环境促进发展,才能顺利实现新时代新征程的使命任务。

第四,坚持总体战,统筹传统安全和非传统安全。当前,传统安全和非传统安全问题相互交织越来越明显,也越来越突出。影响国家安全因素来源的多样性和重叠性客观上决定了在维护国家安全中必须坚持总体战,形成统筹传统安全和非传统安全的战略思维、战术体系、政策方针和治理体制,突出实战实用鲜明导向,更加注重协同高效、法治思维、科技赋能、基层基础,推动各方面建设有机衔接、联动集成。这也是习近平新时代中国特色社会主义思想的世界观和方法论在国家安全工作领域的必然要求。此外,维护国家安全不仅是国家安全机关的职责,也是全社会全体系的工作。各领域工作都要为维护和塑造国家安全提供支持,形成汇聚党政军民学各战线各方面各层级的强大合力。历史经验表明,越是坚持总体战,统筹好传统安全和非传统安全,国家安全系统集成越有效,国家安全就越有依靠,就越能为实现中华民族伟大复兴提供坚强安全保障。

第五,坚持走和平发展道路,促进自身安全和共同安全相协调。世界历史一再表明,和平是发展的前提,没有一个国家能够在战火纷飞中实现自身发展;发展是和平的保障,没有一块贫瘠的土地能够生长出和平的硕果。实现中华民族伟大复兴,既需要安定团结的国内安全环境,也需要和平稳定的国际安全环境。习近平指出,"安全问题确实是事关人类前途命运的重大问题"[①]。中国坚持走和平发展之路,协调自身安全和国际共同安全,既通过维护世界和平发展自己,又通过自身发展维护世界和平、实现普遍安全。中国不认同"国强必霸"的陈旧逻辑,而是积极推动树立共同、综合、合作、可持续的全球安全观,推动构建新型国际关系。在完善全球安全治理体系方面,中国高举合作、创新、法治、共赢的旗帜,推动国际安全朝着更加公正、合理、有效的方向发展,支持其他发展中国家广泛平等参与全球安全治理,反对霸权主义、强权政治,创造持久的安全稳定环境,共同推动构建人类安全共同体。

三、坚持中国特色国家安全道路必须进行伟大斗争

坚持中国特色国家安全道路,归根结底是为了确保中华民族伟大复兴进程顺利推进。现在,民族复兴伟业正处于一个船到中流浪更急、人到半山路更陡的时候,是一个愈进愈难、愈进愈险而又不进则退、非进不可的时候。因此,坚持中国特色国家安全道路必须进行伟大斗争。

> 新的时代条件下,我们要总结运用好党积累的伟大斗争经验,坚持底线思维,增强忧患意识,发扬斗争精神,掌握斗争策略,练就斗争本领,保持越是艰险越向前的大无畏气概,有效应对前进道路上各种可以预料和难以预料的风险挑战,推动中国特色社会主义事业航船劈波斩浪、一往无前。
> ——习近平在十九届中央政治局党史学习教育专题民主生活会上的讲话(2021年12月27日至28日)

[①] 中共中央党史和文献研究院编:《习近平关于总体国家安全观论述摘编》,中央文献出版社2018年版,第249页。

敢于斗争、敢于胜利是中国共产党不可战胜的强大精神力量。中国共产党依靠斗争创造历史，更要依靠斗争赢得未来。百年变局下，我国面临的安全风险与挑战越来越复杂严峻，会遇到风高浪急甚至惊涛骇浪的重大考验。在重大风险面前，必须坚持底线思维和极限思维，唯有主动迎战、坚决斗争才能赢得尊严、求得发展。习近平指出："共产党人的斗争是有方向、有立场、有原则的，大方向就是坚持中国共产党领导和我国社会主义制度不动摇。"① 在这个大方向下，凡是危害中国共产党领导和我国社会主义制度，危害我国主权、安全、发展利益，危害我国核心利益和重大原则，危害我国人民根本利益，危害我国实现"两个一百年"奋斗目标、实现中华民族伟大复兴的各种风险挑战，必须坚决斗争，必须取得胜利。在斗争中，要保持理论上清醒、政治上坚定、策略上灵活，在坚持忧患意识与战略定力、战略判断与战略决断、斗争过程与斗争实效相统一中增强斗争本领，推动新时代我国国家安全工作沿着中国特色国家安全道路行稳致远，为中华民族伟大复兴的巨轮保驾护航。

第三节　推进国家安全体系和能力现代化

　　国家安全体系和能力现代化是国家治理体系和治理能力现代化建设的重要组成部分。坚持党对国家安全工作的绝对领导，坚定不移走好中国特色国家安全道路，必须不断推进国家安全体系和能力现代化，这是党的二十大报告提出的以新安全格局保障新发展格局重大部署的战略要求。

---

① 《习近平著作选读》第二卷，人民出版社2023年版，第258页。

一、推进国家安全体系和能力现代化的重要意义

国家安全体系和能力现代化是国家安全制度及其执行能力的集中体现，凝结着党领导国家安全工作的理论创新、实践创新和制度创新。必须坚持不断推进国家安全体系和能力现代化，这对实现新时代新征程上党的中心任务具有重要意义。

第一，这是满足人民群众美好生活需要的必然要求。中国特色社会主义进入新时代，随着物质生活条件的不断改善，人民群众的美好生活需要日益广泛，不仅对物质生活水平提出了更高要求，而且对民主、法治、公平、正义、安全、环境等方面的要求日益增长。只有不断推进国家安全体系和能力现代化，不断满足人民群众在实现美好生活过程中的安全需要，才能充分保障人民群众的获得感、幸福感、安全感。

第二，这是推进国家治理体系和治理能力现代化、续写"中国之治"新辉煌的必然要求。改革开放以来，党领导人民创造了世所罕见的经济快速发展奇迹和社会长期稳定奇迹。这两大奇迹彰显了"中国之治"的显著制度优势，与"西方之乱"形成鲜明对比。但是，国家治理体系和治理能力现代化建设是一个动态的发展过程，不可能一蹴而就，也不可能一劳永逸。作为国家治理体系和治理能力现代化建设的重要组成部分，推进国家安全体系和能力现代化也必须与时俱进，不断创新安全工作战略战术、体制机制、手段方法，以健全完备的安全体系和强有力的国家安全能力提升国家安全治理效能，不断夯实"中国之治"的安全之基。

第三，这是以中国式现代化全面推进中华民族伟大复兴的必然要求。在百年变局下，中华民族伟大复兴一方面展现出更加光明的前景，一方面又面临无数艰难险阻，必须准备付出更为艰巨、更为艰苦的努力。在新时代新征程上，无论是从国际看还是从国内看，我国国家安全依然面临着严峻的压力和风险挑战，存在着诸如安全体系还不健全、安全风险意识还不

强、安全机制的协调还不够等许多突出问题。只有不断推进国家安全体系和能力现代化，才能时刻防患于未然，在更高水平上统筹发展和安全，不断健全国家安全体系，着力增强维护国家安全能力，以新安全格局保障新发展格局。

二、推进国家安全体系和能力现代化的重点任务

根据党的二十大的战略部署，推进国家安全体系和能力现代化的重点任务主要是：

第一，不断健全国家安全体系。国家安全体系是国家安全能力的基础。健全国家安全体系必须坚持党对国家安全工作的绝对领导，完善集中统一、高效权威的国家安全领导体制。在此基础上，不断强化国家安全工作协调机制，完善关于国家安全的法治、战略、政策、风险监测预警体系和国家应急管理体系，并不断健全国家重点领域的安全保障体系、重要专项协调指挥体系以及反制裁、反干涉、反"长臂管辖"机制，从而不断完善国家安全力量布局并构建全域联动、立体高效的国家安全防护体系。

第二，增强维护国家安全能力。国家安全能力是国家安全体系表现出来的治理效能。要坚定维护国家政权安全、制度安全、意识形态安全，不断加强重点领域安全能力建设。提高防范化解重大风险能力，严密防范系统性安全风险，严厉打击敌对势力渗透、破坏、颠覆、分裂活动。积极塑造外部安全环境，参与完善全球安全治理体系，全面加强国家安全教育，提高各级领导干部统筹发展和安全能力，增强全民国家安全意识和素养，筑牢国家安全人民防线。

第三，提高公共安全治理水平。公共安全是最基本的民生，一头连着经济社会发展，一头连着千家万户安宁，要警钟长鸣、警惕常在。要坚持安全第一、预防为主，完善公共安全体系，推动公共安全治理模式向事前

预防转型。推进安全生产风险专项整治，加强重点行业、重点领域安全监管。提高防灾减灾救灾和重大突发公共事件处置保障能力，加强国家区域应急力量建设。强化食品药品安全监管，健全生物安全监管预警防控体系。加强个人信息保护，保障个人信息权益。

第四，完善社会治理体系。将社会治理体系纳入国家安全体系，健全共建共治共享的社会治理制度，是贯彻落实总体国家安全观的内在要求，也是应对各种社会风险挑战的实践要求。在新时代新征程上，人民内部矛盾依然存在，要在社会基层坚持和发展新时代"枫桥经验"，完善正确处理新形势下人民内部矛盾机制，加强和改进人民信访工作，畅通和规范群众诉求表达、利益协调、权益保障通道，通过完善网格化管理、精细化服务、信息化支撑的基层治理平台不断健全城乡社区治理体系，及时把矛盾纠纷化解在基层、化解在萌芽状态。加快推进市域社会治理现代化，强化社会治安整体防控，推进扫黑除恶常态化，依法严惩各类违法犯罪活动。发展壮大群防群治力量，营造见义勇为社会氛围，建设人人有责、人人尽责、人人享有的社会治理共同体。

三、以国家安全法治推进国家安全体系和能力现代化

健全国家安全法治体系对于推进国家安全体系和能力现代化，实现党和国家兴旺发达、长治久安具有重要意义。2023 年 5 月召开的二十届中央国家安全委员会第一次会议强调，国家安全工作要贯彻落实党的二十大决策部署，推进国家安全法治建设。这就要求，在加快推进国家安全体系和能力现代化的过程中，深入贯彻习近平法治思想，更好发挥法治固根本、稳预期、利长远的保障作用，坚持在法治轨道上守牢国家安全阵地。

宪法是国家的根本法，是治国安邦的总章程，具有最高的法律地位、

法律权威、法律效力。宪法为维护国家安全提供了根本法律遵循，是国家安全法律法规的总依据、总源头。我国现行《宪法》在序言、总纲、公民基本权利与义务等部分，对维护国家安全作出了系列明确规定，为国家安全立法筑牢根基。在国家安全法治体系中，2015年7月公布施行的《国家安全法》是一部统领性、综合性、基础性的法律。《国家安全法》以明确的法律形式确立总体国家安全观的指导地位，明确国家安全领导体制和有关国家机构的职责，规定维护政治、经济、军事、国土等各领域安全的各项

中华人民共和国国家安全法

任务和制度措施，建立健全国家安全制度和国家安全保障体系，规定公民和组织的权利和义务，为构建国家安全体系，走出一条中国特色国家安全道路奠定了坚实的法治基础。以《国家安全法》为统领，我国形成了基本法与单行法并立的国家安全法律制度框架，国家安全法律制度体系逐步健全完善。同时，《中国共产党领导国家安全工作条例》《党委（党组）国家安全责任制规定》等重要党内法规的颁布，为国家安全机关全面履行法定职能、有效维护国家安全提供了坚强保障，标志着党领导国家安全工作的法治化进程迈上新台阶。

面对新时代新征程上的新风险新挑战，必须持续不断推动国家安全法治化进程，构建更加严密的国家安全法治体系。要健全完善以宪法、国家安全法、国家安全领域的专门立法和其他相关法律中涉及维护国家安全的部分条款和规定为主要内容的国家安全法律规范体系，积极推进科技创新、生物安全、防范风险、涉外法治等重点领域立法。要不断完善国家安全法治实施和保障体系，综合运用立法、执法、司法等手段开展斗争，统筹推进国内法治和涉外法治。要站在更高的法治水平上保障、维护和塑造国家安全，在不断推进国家安全体系和能力现代化过程中为全面建设社会主义现代化国家保驾护航。

> **思考题**
>
> 1. 如何理解坚持党对国家安全工作的绝对领导？
> 2. 如何理解中国特色国家安全道路的重要特征？
> 3. 如何把握在新时代新征程上推进国家安全体系和能力现代化的重要意义？
> 4. 谈谈你对推进国家安全体系和能力现代化的重点任务的认识。

第三章　更好统筹发展和安全

习近平指出："我们要更好统筹发展和安全。安全是发展的基础，稳定是强盛的前提。"① 发展和安全是一体之两翼、驱动之双轮。统筹发展和安全，增强忧患意识，做到居安思危，是中国共产党治国理政的一个重大原则，在总体国家安全观的"五个统筹"中具有基础性、决定性地位。前进道路上的风险挑战越多，越要更好统筹发展和安全。

第一节　统筹发展和安全的重大意义

坚持统筹发展和安全，对科学应对我国发展环境面临的深刻复杂变化，充分利用好重要战略机遇期，防范化解重大风险挑战，以中国式现代化全面推进强国建设、民族复兴伟业具有重大意义。

> 推动创新发展、协调发展、绿色发展、开放发展、共享发展，前提都是国家安全、社会稳定。没有安全和稳定，一切都无从谈起。"明者防祸于未萌，智者图患于将来。"我们必须积极主动、未雨绸缪，见微知著、防微杜渐，下好先手棋，打好主动仗，做好应对任何形式的矛盾风险挑战的准备，做好经济上、政治上、文化上、社会上、外交上、军事上各

---

① 习近平：《在第十四届全国人民代表大会第一次会议上的讲话》（2023年3月13日），人民出版社2023年版，第4页。

> 种斗争的准备，层层负责、人人担当。
> ——习近平在省部级主要领导干部学习贯彻党的十八届五中全会精神专题研讨班上的讲话（2016年1月18日）

一、新时代维护和塑造国家安全的必然要求

新时代维护和塑造国家安全，必须坚持统筹发展和安全，把维护国家安全贯穿党和国家工作各方面全过程，同经济社会发展一起谋划、一起部署、一体推进，勇于开"顶风船"，善于化危为机，努力实现更高质量、更有效率、更加公平、更可持续、更为安全的发展。

有效防范化解各类风险挑战，必须统筹发展和安全。当代中国正在经历人类历史上最为宏大而独特的实践创新，改革发展稳定任务之重、矛盾风险挑战之多、治国理政考验之大都前所未有。从外部看，世界进入新的动荡变革期，和平与发展的时代主题面临严峻挑战。习近平指出："当今世界正经历百年未有之大变局。最近一段时间以来，世界最主要的特点就是一个'乱'字，而这个趋势看来会延续下去。"[1] 无疑，这个趋势的延续将大大增加我国国家安全的外部风险。从国内看，我国社会主义现代化建设取得历史性成就，从根本上保障了国家安全和人民幸福，但在新的发展阶段上又面临新的问题。经济社会发展中出现的新难题、社会深刻变革带来的新矛盾，都可能影响国家安全和社会稳定。此外，如果社会治理水平与现代化进程不相适应，人们的思想观念、法治建设同社会发展变化不相适应，发展进程中出现安全风险的可能性也会大大增加。

办好自己的事情也必须统筹发展和安全。防范化解各类风险隐患，

---

[1] 《习近平著作选读》第二卷，人民出版社2023年版，第401页。

积极应对外部环境变化带来的冲击挑战，关键在于办好自己的事情。党的十八大以来，以习近平同志为核心的党中央团结带领全党全军全国各族人民有效应对严峻复杂的国际形势和接踵而至的巨大风险挑战，义无反顾进行具有许多新的历史特点的伟大斗争，以强烈的历史主动精神把新时代中国特色社会主义不断推向新胜利。面对国际形势的风云变幻及其给我国国家安全带来的严峻挑战，中国共产党保持战略定力、从容不迫，坚持办好自己的事情，不为任何风险所惧，不为任何干扰所惑，朝着既定目标一步一个脚印前进，把发展进步的命运牢牢掌握在自己手中。实践证明，保持定力，增强信心，集中精力办好自己的事情，是党领导人民应对各种风险挑战的关键。只有统筹好发展和安全，不断解放和发展社会生产力，不断增强经济实力、科技实力、综合国力，不断增强人民群众的获得感、幸福感、安全感，才能够使中华民族伟大复兴的巨轮乘风破浪、行稳致远。

二、维护改革发展稳定大局的重大原则

处理好改革、发展和稳定的关系，对于中国特色社会主义事业具有全局性的影响。改革是经济社会发展的强大动力，发展是解决一切经济社会问题的关键，稳定是改革发展的前提。历史和实践证明，只有社会稳定，改革发展才能不断推进；只有改革发展不断推进，社会稳定才具有坚实基础。从世界范围看，许多国家由于政局动荡、社会动乱，不仅失去发展机遇，也给这些国家的人民带来深重灾难。因此，全面把握艰巨繁重的改革、发展和稳定任务，必须贯彻落实总体国家安全观，更好统筹发展和安全。

改革开放以来，党和国家始终高度重视正确处理改革、发展和稳定的关系，始终把维护国家安全和社会安定作为基础性工作，保持了我国社会大局稳定，为改革开放和社会主义现代化建设营造了良好环境。当前，要

清醒认识到，我国改革开放越往纵深推进，发展中遇到的问题和矛盾就越错综复杂，有待完成和新提出的任务也越交织叠加。即便如此，发展仍然是中国共产党执政兴国的第一要务，仍然是一项基础性、根本性的工作，但经济社会发展、物质生活改善并不是全部，人心向背也不仅仅取决于这一点。在实践中，必须坚持辩证唯物主义和历史唯物主义，在统筹发展和安全中正确处理改革、发展和稳定的关系。解决发展中的问题和矛盾，除了深化改革开放，不断增强经济社会发展的活力，别无他途。只有这样，我们才能牢牢把握安全发展的主动权，实现高质量发展与高水平安全的良性互动。要坚持把改革的力度、发展的速度和社会可承受的程度统一起来，坚持方向不变、道路不偏、力度不减，把满足人民日益增长的美好生活需要作为正确处理改革发展稳定关系的出发点和落脚点，在保持社会稳定中推进改革发展，通过改革发展促进社会稳定。要进一步增强改革措施、发展措施、稳定措施的协调性，把握好当前利益和长远利益、局部利益和全局利益、个人利益和集体利益的关系。要坚持以人民为中心，以发展为要务，以稳定为基础，既着力解决关系群众切身利益的问题，又重视引导群众正确处理各种利益关系、理性合法表达利益诉求，营造安定团结的社会氛围。

面对艰巨繁重的改革、发展和稳定任务，要在坚持稳中求进工作总基调中统筹发展和安全。坚持稳中求进的根本点在于稳定大局、不断进取。"稳"的重点要放在稳住经济运行上，确保增长、就业、物价不出现大的波动，确保金融不出现区域性系统性风险，稳住经济基本盘。"进"的重点要放在调整经济结构和深化改革开放上，确保转变经济发展方式和创新驱动发展取得新成效，加快发展新质生产力。"稳"和"进"要相互促进，坚持在发展中平稳化解风险，在化解风险中优化发展。在实践中，要把推进改革同防范化解重大风险相结合，深入研判改革形势和任务，科学谋划推动落实改革的时机、方式、节奏，更加积极有效应对不稳定、不确定因素，拓展政策空间，提升制度张力，推进全面改革不断向纵深发展。

三、推动我国经济高质量发展的有力保障

当前，我国经济发展面临复杂外部环境挑战。一是世界经济复苏进程异常艰难。地缘政治冲突升级、国际贸易不振等多重风险相互交织，导致各国需求增长缺乏支撑，结构性矛盾凸显，主要经济体宏观政策空间持续收窄，经济增长动能不足。二是全球流动性风险不断增多。主要经济体量化宽松政策造成市场流动性泛滥，大规模财政刺激导致公共债务持续增加，其外溢效应可能对我国宏观经济稳定造成一定冲击。三是全球产业分工格局深刻调整。各国出于维护经济安全考虑，进一步加快产业链本地化、多元化，推动产业链转移收缩，使我国产业链供应链安全进一步承压。

我国经济回升向好、长期向好的基本趋势没有改变，但发展不平衡不充分问题仍然突出，深层次结构性矛盾和问题在外部冲击下逐步显现，带来较大风险隐患。比如，经济回升向好的基础还不稳固，市场有效需求仍显不足，消费提升面临挑战；经济循环还面临不少堵点，供需结构不匹配、城乡区域协调发展制约较多等问题还较为突出；重点领域风险仍需加强防范，一些地方基层财力比较紧张，一些地方的房地产、地方债务、中小金融机构等风险隐患不容忽视。

在这样一个各类矛盾和风险易发期，必须更好统筹发展和安全。坚持把发展建立在安全的基点上，着力破解经济发展中的各种矛盾和问题，营造有利于经济发展的安全环境，打好化险为夷、转危为机的战略主动战，增强生存力、竞争力、发展力和持续力。

第二节 统筹发展和安全的科学内涵

统筹发展和安全，充分体现了习近平新时代中国特色社会主义思想的

世界观和方法论以及贯穿其中的立场观点方法，深刻表明国家安全和社会稳定是改革发展的前提。只有国家安全和社会稳定，改革发展才能不断前进。

一、安全是发展的条件和保障

安全是发展的条件。《管子·治国》曰："治国常富，而乱国常贫。"国家安全是国家生存发展的前提。一般而言，发展都是建立在安全的基础之上的。如果安全这个基础不牢，发展的大厦就会地动山摇。任何以牺牲安全为代价的发展都难以持续，都不是真正的发展。中国共产党的百余年奋斗历程和新时代党和国家事业取得的历史性成就、发生的历史性变革反复证明，没有安全和稳定，一切都无从谈起。习近平强调："我们党要巩固执政地位，要团结带领人民坚持和发展中国特色社会主义，保证国家安全是头等大事。"[①] 守住了安全这条底线，就守住了发展的立足点和生命线。离开了安全和稳定，什么事都搞不成，发展更是无从谈起、难以为继。

安全是发展的保障。没有安全的发展往往是脆弱的、不稳定的。在社会矛盾激化和社会冲突频发下，是不可能谈及任何发展的。高质量发展是全面建设社会主义现代化国家的首要任务和本质要求，是新时代的硬道理。随着我国社会主要矛盾变化和国际力量对比深刻调整，我国发展面临的内外部风险空前上升，安全作为发展的保障，必须为发展保驾护航。因此，在新发展阶段，以高水平安全保障高质量发展，意味着安全在发展中的地位进一步提高，作用进一步凸显，分量进一步加重，成为中国共产党治国理政全局中一个具有重大战略意义的国家事项。特别重要的是，必须维护好政治领域的安全，在党的领导下维护好中国特色社会主

---

① 《习近平著作选读》第一卷，人民出版社2023年版，第234页。

义制度安全，始终保持政治上的稳定，才能为发展提供最为重要的政治保障。

二、发展是安全的基础和目的

发展是安全的基础。习近平指出："发展是基础，经济不发展，一切都无从谈起。"[①] 发展具有基础性、根本性，是解决安全问题的总钥匙。任何可靠的安全都是建立在坚实的发展基础之上的。没有经济社会的持续发展作为推动力，国家安全就不会具备坚实的物质基础，人民安居乐业、社会安定有序、国家长治久安就会成为空中楼阁、镜花水月。历史和现实都告诉我们，没有发展的安全是暂时的、不可持续的，不是真正意义上的安全。对我国来说，实现高质量发展这个首要任务就是最大的安全，如果出现发展停滞或不发展则是最大的不安全。

发展是安全的目的。维护国家安全，发展才是硬道理，要通过发展提升国家安全实力。新时代新征程上，随着我国国家安全内涵和外延的不断丰富，维护各领域安全的任务日益繁重，只有坚持扭住发展这个党执政兴国的第一要务，牢牢把握高质量发展这个首要任务，始终把经济建设作为党的中心工作，推动经济社会更平衡更充分地发展，才能在维护和塑造国家安全的道路上为破解各种矛盾、化解各类风险挑战提供充足条件和有效手段，从而把高质量的发展成果转化为高水平的安全成果，不断筑牢国家安全屏障。

历史一再证明，一切社会进步和文明发展都是建立在发展的基础之上的。因此，必须既善于维护和塑造保障经济社会发展的安全环境，又善于运用发展成果夯实国家安全的实力基础，以安全保发展、以发展促安全，在安全和发展的辩证统一和良性互动中建久安之势、成长治之业。

[①]《习近平著作选读》第一卷，人民出版社2023年版，第375页。

三、坚持发展和安全并重

发展是国家和民族赓续绵延的压舱石，安全是国家和民族行稳致远的稳盘器。习近平指出："过去，我们常常以为，一些矛盾和问题是由于经济发展水平低、老百姓收入少造成的，等经济发展水平提高了、老百姓生活好起来了，社会矛盾和问题就会减少。现在看来，不发展有不发展的问题，发展起来有发展起来的问题，而发展起来后出现的问题并不比发展起来前少，甚至更多更复杂了。"[①] 新中国成立以来特别是改革开放以来，我国用几十年的时间走完了发达国家几百年走过的发展历程。这种"发展奇迹"使得发达国家在不同历史阶段"串联式"渐次出现的各种风险问题，在中国会"并联式"地同时出现。为此，必须在发展的同时积极化解这些安全风险。要把防范风险摆在突出位置，提高风险预见、预判和处置能力。如果发生重大风险又扛不住，国家安全就可能面临重大威胁，全面建设社会主义现代化国家的进程就可能被迫中断，中华民族伟大复兴的进程就可能延缓迟滞。因此，必须坚持发展和安全并重，在更高层次、更大范围上实现对发展和安全的统筹，在更高质量更高水平上实现我国各项事业安全发展。

要促进发展和安全的动态平衡。任何事物的稳定状态都是一种相对的动态平衡。发展和安全的平衡不是静止不变的，而是不断在解决二者之间的矛盾中实现的。不能为了发展不顾安全，也不能为了安全不要发展。在不同形势、不同条件下，发展和安全的关系会出现新的情况，这就要把握好二者之间相互制约、相互支持、相互促进的辩证关系。当前和今后一个时期，影响和制约我国统筹发展和安全的因素持续增加，主要矛盾和矛盾的主要方面不断变换。这就要求既不能为了片面追求安全、管成一潭死水，又不能只顾发展、搞得险象丛生，必须找准发展和安全的平衡点，及

[①]《习近平著作选读》第一卷，人民出版社2023年版，第382页。

时调整政策力度和重点，做到该管的管、该放的放，使发展成就可期、安全风险可控。

要实现发展和安全的互促共进。要让发展和安全两个目标有机融合，实现高质量发展和高水平安全的良性互动，这是中国式现代化的规律性要求。新形势下统筹发展和安全，既要以高质量发展保障政治、经济、科技等各领域安全，又要把安全发展融入高质量发展全过程，实现政治安全、经济安全、文化安全、社会安全、生态安全的全方位之治，以高水平安全促进高质量发展。

统筹高质量发展和高水平安全取得积极成效

第三节　更好统筹发展和安全的途径和方法

新时代新征程上，只有更好统筹发展和安全，牢固树立安全发展理念，守牢安全发展底线，把安全发展贯穿国家发展各领域和全过程，办好发展和安全这两件大事，才能在危机中育先机、于变局中开新局，不断以新的伟大斗争开创新的历史伟业。

一、在坚持科学思维方法中树牢安全发展理念

（一）坚持系统观念

坚持系统观念是习近平新时代中国特色社会主义思想世界观和方法论的重要内容，也是统筹发展和安全的思想工作方法。我国发展环境面临深刻复杂变化，发展不平衡不充分问题仍然突出，推动改革发展、调整利益关系，往往牵一发而动全身，必须从系统观念出发加以谋划和解决，全面协调推动社会主义现代化建设各领域工作。只有运用系统方法分析和解决问题，从战略和策略、总体和全局的结合中认识发展和安全的关系，才能不断加强

前瞻性思考、全局性谋划、战略性布局、整体性推进，构建新安全格局。

（二）坚持底线思维和极限思维

坚持底线思维、增强忧患意识，是中国共产党战胜各种风险挑战、不断从胜利走向胜利的重要思想方法、工作方法、领导方法。坚持底线思维和极限思维，要求不回避矛盾，不掩盖问题，凡事从坏处准备，努力争取最好的结果，做到有备无患、遇事不慌，牢牢把握主动权。只有坚持底线思维和极限思维，准备经受风高浪急甚至惊涛骇浪的重大考验，对可能出现的最坏情形有充分的预见和准备，时刻保持如履薄冰的谨慎、见叶知秋的敏锐、未雨绸缪的忧患，才能下好先手棋、打好主动仗，面对内外部环境变化带来的各种风险和挑战，做好充分应对的思想准备和工作准备。

（三）强化风险意识

强化风险意识既要有防范风险的先手，也要有应对和化解风险挑战的高招；既要打好防范和抵御风险的有准备之战，也要打好化险为夷、化危为机的战略主动战。要加强战略预判和风险预警，既高度关注"黑天鹅"事件，也切实防范"灰犀牛"风险。提高风险化解能力，透过复杂现象把握本质，抓住要害，找准根源，果断决策，有效处理。完善风险防控机制，建立健全风险研判机制、决策风险评估机制、风险防控协同机制、风险防控责任机制，完善应对国家安全风险综合体，加快建设国家安全风险监测预警体系，实时监测、及时预警、打好组合拳。

知识拓展

什么是"灰犀牛"风险和"黑天鹅"事件？

灰犀牛看似体型笨重、行动迟缓，但突袭而来时往往令人猝不及防。人们常用"灰犀牛"比喻发生概率很大且影响巨大的潜在危机。这类危机在爆发前已有种种迹象，却常被人们忽视，或者将其当作一种正常的现象来认可或接受，以致错失最好的处理或控制风险的时机，最后可能导致极其严重的后果。2008年国际金融危机是典型的由"灰犀牛"风险引发的危机。在危机发生之前，很多经济学家和金融从业者都预测到了金融市场可能会出现问题，但他们的警告并没有得到足够重视，最终引发国际金融危机，导致西方国家经济严重衰退、金融市场剧烈动荡。

从前，人们一直认为天鹅是白色的，黑天鹅的发现颠覆了人们的认知。人们常用"黑天鹅"比喻发生概率很小但影响巨大的事件。这类事件非常难以预测，影响非同寻常，通常会引起连锁负面反应甚至颠覆以往经验。"9·11"恐怖袭击事件就是典型的"黑天鹅"事件。2001年9月11日，美国4架民航飞机遭恐怖分子劫持，其中2架撞击了纽约世界贸易中心，2座塔楼相继坍塌，1架撞击了美国国防部五角大楼。"9·11"恐怖袭击事件造成3 200多人死亡或失踪，直接和间接的经济损失达数千亿美元，国际社会为之震惊并予以强烈谴责。

二、以新安全格局保障新发展格局

（一）构建新安全格局的总体要求

习近平指出："开启全面建设社会主义现代化国家新征程，立足新发展阶段、贯彻新发展理念、构建新发展格局，面临的风险和考验一点也不会比过去少。"[①] 加快构建以国内大循环为主体、国内国际双循环相互促进

---

① 《习近平谈治国理政》第四卷，外文出版社2022年版，第80页。

的新发展格局是关系我国发展全局的重大战略任务，必须以新安全格局作为保障。新安全格局就是在总体国家安全观指导下形成的以保障、维护和塑造国家安全为主要目标的具有总体性的国家安全体系。总体上说，构建与新发展格局相适应的新安全格局，一要全体系推进，加强对国家安全的顶层设计、全局谋划、前瞻思考、一体推进，形成体系性合力和战斗力。二要全领域谋划，统筹推进总体国家安全观所涉各领域的安全合力。三要全方位布局，统筹国内国际两个大局，以高水平安全保障高质量发展。四要全要素运用，综合运用政治、经济、文化、外交、司法、教育、科技等手段防范化解重大风险。五要全方面统筹，不断增强全民国家安全意识和素养，在党中央坚强领导下，推动各部门各地方各要素有效统筹，汇聚起维护国家安全的强大合力。

（二）以新安全格局保障实现高水平科技自立自强

构建新发展格局最本质的特征是实现高水平的自立自强，根本支撑则是科技自立自强。要加快建立健全国家创新体系，深入实施科教兴国战略、人才强国战略、创新驱动发展战略，全面加强对科技创新的部署，加强原创性、引领性科技攻关，坚决打赢关键核心技术攻坚战。加强创新链和产业链对接，加速科技成果向现实生产力转化，加快形成新质生产力。实现高水平科技自立自强，是一场艰苦的斗争，在多个方面涉及维护国家安全的重大问题。近些年来，我国国家安全机关工作发现，境外间谍情报机关长期觊觎我国科技领域成果和重大科研进展，或通过贴靠拉拢策反我国重要科研单位人员开展情报窃密，或运用利益收买引诱重点科研领域人员泄露科研信息，或使用网络攻击等手段窃取科技数据，给我国实现高水平科技自立自强和维护国家科技安全带来严重威胁。因此，必须在新安全格局的基础上，以维护和塑造国家安全的强大能力保障高水平科技自立自强的实现。

（三）以新安全格局保障国内经济循环畅通无阻

构建新发展格局，实行高水平对外开放，必须具备强大的国内经济循环体系。如果国内经济循环过程中出现堵点、断点,循环就会受阻,在宏观上就会表现为增长速度下降、失业增加、风险积累、国际收支失衡等,在微观上就会表现为产能过剩、企业效益下降、居民收入下降等。当前,我国经济发展面临的问题在供给和需求这两侧都有。从供给侧来看,主要问题是一些行业和产业产能过剩,部分关键装备、核心技术、高端产品还依赖进口,产业发展面临被"卡脖子"的风险;从需求侧来看,主要问题是有效需求不足、社会预期偏弱。因此,必须坚持深化供给侧结构性改革和着力扩大有效需求协同发力,发挥超大规模市场和强大生产能力的优势,使国内大循环建立在内需主动力的基础上。构建国内经济大循环,必须全面深化改革,建立全国统一大市场。在这一过程中,既要克服一些内部困难,也要应对一些外部挑战。如果对全面深化改革中的各种矛盾、利益冲突防范化解不及时,就会构成对国家安全、社会稳定的潜在威胁。同时,一些外部势力也在不断干扰中国经济不断回升向好的发展态势,用各种陈词滥调和虚假叙事"唱衰"中国经济,攻击我国基本经济制度,企图影响人们对中国经济发展的信心和预期。因此,在构建国内经济大循环的过程中,必须牢牢守住安全发展这条底线,筑牢新安全格局,以高水平安全促进高质量发展。

(四)以新安全格局保障国内国际双循环相互促进

构建新发展格局,是与时俱进提升我国经济发展水平的战略抉择,也是培育我国国际经济合作和竞争新优势的战略抉择。新发展格局决不是封闭的国内循环,而是开放的国内国际双循环。近年来,随着全球政治经济环境的复杂变化,逆全球化、泛安全化趋势不断加剧,必须坚持把发展立足点放在国内,更多依靠国内市场实现经济发展。只有守牢国内大循环这个稳固的基本盘,才能形成对全球要素资源的强大吸引力、在激烈国际竞争中的强大竞争力、在全球资源配置中的强大推动力。国内国际两个市场相互依存、相互促进。当前,我国经济已经深度融入世界经济,同全球很多国家的产业关联和相互依赖程度都比较高。必须重视以国际循环提升国内循环的效率和水平，改善我国生产要素质量和配置水平。通过推动建设开放型世界经济，参与国际市场竞争，增强我国出口产品和服务竞争力，既满足国内的需求，又提高我国产业技术发展水平，塑造参与国际经济合作和竞争的新优势。构建新发展格局，推动国内国际双循环相互促进，是把握发展主动权的先手棋。但这并不是一个一帆风顺的过程，而是充满了各种风险挑战，必须正确认识和处理开放和安全的关系，守牢安全这条底线，织密织牢开放安全网，不断增强在对外开放环境中动态维护国家安全的本领，实现新安全格局对新发展格局的保障和支撑。

三、在科学精准施策中提高防范化解重大风险隐患的能力

科学精准实施宏观政策是统筹发展和安全的必然要求。"十四五"时期，我国处于转变发展方式、优化经济结构、转换增长动力的攻关期，也处于扩大中等收入群体和规范收入分配秩序的关键期，各种结构性、体制性问题相互交织，各领域矛盾和风险持续显现。这就要求在制定实施宏观政策过程中，更好统筹发展和安全的关系，密切关注涉及国家安全的潜在性问题，加强政策预研预判，不断提高防范和抵御风险能力，有效防范化解重点领域风险，维护经济金融大局稳定。

有效防范化解重大风险隐患，重在补齐短板、加固底板。当前和今后一个时期，要着力在扛稳粮食安全重任、保障国家能源安全、提高产业链供应链稳定性安全性、重视解决好水安全问题、维护国家金融安全、加强国家网络和信息安全、确保国家数据安全、推进国家海外利益安全、筑牢生态安全屏障等方面补齐短板、加固底板，把国家发展建立在更加安全、更为可靠的基础之上。

思考题

1. 面对我国发展环境的深刻复杂变化,怎样理解统筹发展和安全的重大意义?
2. 结合自己熟悉的国内外事件,谈谈你对发展和安全关系的理解。
3. 如何坚持科学思维方法,牢固树立安全发展理念?
4. 如何理解以新安全格局保障新发展格局的科学内涵?

第四章　坚持以人民安全为宗旨

人民立场是中国共产党的根本政治立场。国家安全涉及方方面面，其中最核心、最重要的就是人民安全。坚持以人民安全为宗旨，是总体国家安全观的精髓所在，是中国共产党全心全意为人民服务的根本宗旨在国家安全工作领域的集中要求和必然反映，符合历史前进规律，体现时代进步要求，彰显深厚人民情怀。

第一节　坚持以人民安全为宗旨的科学内涵

江山就是人民，人民就是江山。坚持以人民安全为宗旨，就是要把人民安全作为出发点和落脚点，贯穿总体国家安全观所涵盖的各领域全过程，切实保护人民群众生命安全和健康，保障人民群众财产安全和其他合法权益安全，维护和发展最广大人民的根本利益。

> 要坚持国家安全一切为了人民、一切依靠人民，动员全党全社会共同努力，汇聚起维护国家安全的强大力量，夯实国家安全的社会基础，防范化解各类安全风险，不断提高人民群众的安全感、幸福感。
>
> ——习近平在首个全民国家安全教育日之际作出的指示
>
> （2016年4月10日）

一、把保护人民生命安全摆在首位

维护人民安全首要的是保护人民群众的生命安全，要始终把人民群众生命安全放在第一位。这也是保障其他方面人民安全的基础和前提。

中国共产党始终坚持人民至上、生命至上，为了保护人民生命安全不惜一切代价。一部中国共产党历史，就是一部中国共产党人为保护人民生命安全而矢志奋斗、一往无前的历史。无论是在革命战争年代还是和平建设时期，无论是应对国际政治领域的风险还是自然界的灾害，无论是处置公共卫生突发疫情还是重特大安全事故，党始终坚持把保护人民生命安全摆在首位。中国共产党精神谱系中的张思德精神、抗洪精神、抗震救灾精神、抗击"非典"精神、伟大抗疫精神等，正是对党保护人民生命安全伟大实践的精神书写。进入新时代以来，党把执政为民、生命至上的理念发展到新的时代高度、理论高度和实践高度，融入新时代马克思主义中国化时代化创新之中，贯穿以中国式现代化全面推进中华民族伟大复兴各方面各环节。特别是面对新冠疫情，以习近平同志为核心的党中央始终坚持人民至上、生命至上，团结带领全党全国各族人民同心抗疫，以强烈的历史担当和强大的战略定力，因时因势优化调整防控政策措施，高效统筹疫情防控和经济社会发展，有效保护了人民群众生命安全，创造了人类文明史上人口大国成功走出疫情大流行的奇迹。

二、把保障人民健康放在优先发展的战略位置

人民健康是人民幸福生活的基础，是民族昌盛和国家强盛的重要标志，也是社会文明进步的重要体现，在全面建设社会主义现代化国家进程中居于优先发展的战略位置。

中国共产党自成立之日起就把保障人民健康同争取民族独立、人民解放的事业紧紧联系在一起，坚持把实现好、维护好、发展好人民群众健康

利益作为党领导医疗卫生事业发展的重要目标。新中国成立以来，我国人民的健康水平和身体素质持续提高。2021年，我国人均预期寿命提高到了78.2岁；根据《"健康中国2030"规划纲要》，到2030年将提高到79岁。党的十八大以来，党中央将保障人民健康作为党为人民奋斗的重要目标，作出"全面推进健康中国建设"重大决策部署，把"健康中国"列为全面建设社会主义现代化国家的重要任务，并把"面向人民生命健康"作为创新驱动发展战略的重要方向之一，推动我国医疗卫生服务体系不断完善，基本公共卫生服务均等化水平不断提高，我国医疗卫生和健康事业取得一系列开创性成就，走出了一条符合国情的中国特色卫生健康事业改革发展之路。

三、全力保障人民财产安全

我国《宪法》明确规定："社会主义的公共财产神圣不可侵犯。国家保护社会主义的公共财产。禁止任何组织或者个人用任何手段侵占或者破坏国家的和集体的财产。""公民的合法的私有财产不受侵犯。国家依照法律规定保护公民的私有财产权和继承权。"党和国家高度重视财产权保护，不断完善产权保护制度，切实保护人民的合法财产，确保人民群众的财产安全。

保护人民权益，是法治的根本目的。党的十八大以来，党中央对产权保护提出新要求，不断完善产权保护制度，保护各种所有制经济产权和合法利益；健全以公平为核心原则的产权保护制度，加强对各种所有制经济组织和自然人财产权的保护；推进产权保护法治化，依法保护各种所有制经济权益。2021年1月1日，新中国第一部以法典命名的法律《中华人民共和国民法典》正式实施。作为一部固根本、稳预期、利长远的基础性法律，民法典对推进全面依法治国、加快建设社会主义法治国家，对发展社会主义市场经济、巩固社会主义基本经济制度，对坚持以人民为中心的发展思想、依法维护人民权益、推动我国人权事业发展以及推进国家治理体系和治理能力现代化等都具有重大意义。我国刑法在历次修改中,也不断加强对公民合法收入、储蓄、房屋和其他生活资料,依法归个人、家庭所有的生产资料,个体工商户和私营企业的合法财产,依法归个人所有的股份、股票、债券及其他财产的保护,以及对侵犯公民私人所有财产各种行为的打击。随着中国特色社会主义法治体系的不断完善,人民群众的生命财产安全得到更为有效的保障。

四、坚决维护人民其他合法权益安全

中国共产党始终高度重视人民群众权利保障工作,坚持将生存权、发展权作为首要的基本人权,不断大力推进提升政治、文化、社会等方面的权利保障水平,协调推进公民权利和政治权利保障,全面加强对特定群体的权利保障,使得人民群众的各项权益得到了有效维护。

在政治权益保障上,坚持人民主体地位,充分体现人民意志、保障人民权益、激发人民创造活力。依法保障人民享有广泛的权利,保障人民的各项权利不受侵犯,保证人民的经济、文化、社会等各方面权利得到落实,努力维护最广大人民的根本利益,保障人民对美好生活的向往和追求。发展全过程人民民主,保障人民当家作主,健全人民当家作主制度体系,扩大人民有序政治参与,保证人民依法实行民主选举、民主协商、民主决策、民主管理、民主监督,发挥人民群众积极性、主动性、创造性,巩固和发展生动活泼、安定团结的政治局面。

在文化权益保障上,推进社会主义文化强国建设。坚持以人民为中心的创作导向,推出更多增强人民精神力量的优秀作品,为人民提供更多更好的优质精神产品。坚持把社会效益放在首位,推进社会效益和经济效益相统一,深化文化体制改革,完善文化经济政策,促进文化事业和文化产业全面发展,全面保障人民群众的文化权益。

在社会权益保障上，不断完善覆盖全民的社会保障体系。实施就业优先政策，推动实现更加充分、更高质量就业；构建优质均衡的基本公共教育服务体系，改善乡村、山区、边远地区教学条件；不断完善社会保障体系，健全基本养老服务体系，实现全民医保目标，为人民群众创造安全的生产生活环境，使人民群众的获得感、幸福感、安全感更加充实、更有保障、更可持续。

在海外权益保障上，随着我国自身实力不断增强以及与世界联系日益紧密，我国企业、机构和人员大规模"走出去"，海外权益的广度和深度不断拓展。因此，要不断加强我国海外安全保障能力建设，维护我国公民、法人在海外合法权益，坚定捍卫国家主权、安全、发展利益。

第二节　新时代人民安全面临的风险挑战

《春秋繁露》曰："爱人之大者，莫大于思患而豫防之。"总的来看，当前我国的人民安全在各领域各方面都得到了有效保障，人民群众的满意度也在不断提高。同时，也要清醒地认识到人民群众的生命安全、健康安全、财产安全以及其他合法权益安全还面临许多风险挑战。

一、维护人民生命安全面临的风险挑战

目前，对人民生命安全造成风险挑战的不确定因素，主要来自自然灾害、公共卫生事件、事故灾难和社会安全事件等方面。

重大自然灾害、突发疫情严重威胁人民生命健康。近些年来，各类自然灾害、突发疫情给人民群众的生命安全带来了巨大威胁，由此引发的安全问题已经引起社会各界的高度重视和广泛关注。我国是世界上自然灾害最为严重的国家之一，灾害种类多、分布区域广、发生频次高、造成损失

重。伴随着全球气候变化和极端天气频发，我国应对自然灾害的形势更加严峻，挑战更加艰巨。另外，防范化解重大疫情和重大突发公共卫生风险，也是我国必须面对的重大风险。近年来，我国在应对突发公共卫生事件中经受住了考验，但也暴露出在重大疫情防控体制机制、公共卫生应急管理体系等方面存在的短板，必须总结经验、吸取教训，抓紧补短板、堵漏洞、强弱项，进一步提高应对突发公共卫生事件的能力和水平。

重特大安全生产事故给人民生命财产造成严重危害。安全生产是关系人民生命财产安全的大事，是经济社会协调健康发展的标志，是党和政府对人民利益高度负责的要求。党的十八大以来，全国安全生产形势持续向好，事故总量、较大事故和重特大事故起数连续下降，重点行业领域、各地区安全生产状况总体好转。但必须清醒地认识到，我国目前正处在新型工业化、信息化、城镇化、农业现代化持续推进的过程中，传统和新型生产经营方式并存，安全生产基础仍相对薄弱，相关法律法规不尽完善，监管体制机制不够健全，企业主体责任落实不力，安全生产隐患仍然不少，重特大事故时有发生。

社会领域的各种问题和矛盾也严重影响着社会安定和人民安宁。社会稳定是国家安全的重要内容。进入新时代以来，党在领导社会建设过程中，有力打击了社会黑恶势力，坚决阻遏了民族分裂势力、宗教极端势力、暴力恐怖势力的社会渗透以及涉政治和意识形态的网络造谣传播，极大改善了食品安全，有效化解了改革过程中积累下来的突出社会矛盾，切实提高了社会治安和平安中国建设水平。但这些问题在不同程度上依然存在，威胁着人民群众切身利益和社会安全稳定大局，可能导致社会动荡和不安定。

二、维护人民健康安全面临的风险挑战

人民健康既是民生问题，也是社会政治问题。没有人民健康，就没有

健康中国；没有健康中国，就没有现代化强国和民族伟大复兴。目前，我国食品药品安全形势总体稳定向好，质量安全水平不断提高，人民的饮食用药安全得到保障，近年来没有发生系统性、区域性重大食品药品安全事件。同时，我国食品药品安全基础依然薄弱，人民的安全感和满意度还不高，保障食品药品安全任务繁重艰巨。在食品安全方面，一些农产品药物残留超标问题屡有出现，食品加工中超量、超范围使用添加剂等问题依然存在。尽管我国食品的抽检不合格率很低，但由于体量巨大，不合格产品的数量并不少，对人民群众身体健康的潜在威胁不容小觑。在药品安全方面，我国药品监管制度逐步完善，药品可及性问题基本解决，公众预防诊断治疗用药基本需求得到满足，已成为全球第二大医药消费市场、第一大原料药出口国，但我国药品研发创新能力尚有待增强，药品质量有待提高。

进入新时代以来，我国医疗卫生体系逐步健全，医疗卫生服务的公平性、可及性、便利性、可负担性不断提升，居民就医感受明显改善，人们看病难、看病贵的问题逐步得到缓解，因病致贫、因病返贫问题得到有效解决，但还存在优质医疗资源相对不足、分布不均衡的问题。从资源配置角度看，长期以来医疗资源配置不均衡，优质资源向大城市的大医院集中，大城市的大医院人满为患，基层医疗机构门可罗雀。医疗服务体系格局和人民群众看病就医的需求之间还存在不适应、不匹配的问题，优质健康服务供给总体不足与需求不断增长之间的矛盾依然突出，健康领域发展与经济社会发展的协调性有待增强。

三、维护人民财产安全面临的风险挑战

我国刑法规定了抢劫罪、盗窃罪、诈骗罪、抢夺罪、聚众哄抢罪、破坏生产经营罪、敲诈勒索罪、侵占罪、拒不支付劳动报酬罪等侵犯人民群众财产的多种罪名，这说明随着社会经济活动日益复杂化，人民财产安全

面临的风险挑战也不断增多。在网络信息化不断发展并对人民群众日常生活影响不断增强的背景下，非法金融活动和电信网络诈骗对人民财产安全的威胁越来越明显，需要高度重视，严加防范打击。

非法金融活动严重侵害人民群众的合法权益。随着新兴金融业态快速发展，一些不法分子以快速投资理财、高额回报、养老服务等手段吸引群众，使不少群众上当受骗，把"养老钱""看病钱""买房钱"投进去，最后血本无归。值得注意的是，很多非法集资活动还依托"互联网＋"模式，以"微商""多层分销"等方式吸收资金或发展下线，线上线下并存，跨界特征更加突出，传播积聚速度更快，严重影响社会安定。

非法集资的常见手法及危害有哪些？

电信网络诈骗等新型违法犯罪严重威胁人民财产安全。随着现代通信和移动支付技术的迅猛发展，各行各业对网络的依赖度越来越高，网络全面融入人民群众生产生活。与此同时，犯罪分子也更多借助网络实施非接触类犯罪。电信网络诈骗犯罪已成为近年来发展最快、严重影响人民群众安全感的刑事犯罪之一。电信网络诈骗涉及面广、危害性强，借助网络突破国界、地域限制，国内外结合趋势明显；诈骗团伙组织严密，专业化特征突出；犯罪手段日益智能化，大数据分析等新技术被用于诈骗各环节。电信网络诈骗犯罪严重侵犯社会经济秩序，严重破坏社会稳定。此外，移动互联网应用程序非法获取、超范围收集、过度索权等侵害和泄露个人信息现象大量存在，人民群众对此反映强烈、深恶痛绝。

四、维护人民其他合法权益安全面临的风险挑战

进入新时代以来，人民群众各方面合法权益安全的保障水平得到大幅提升，但距离满足人民群众对美好生活需要的期待还有不小差距。

在政治权益层面，党的十八大以来，我国不断发展全过程人民民主，坚决维护社会公平正义，人民享有更加广泛、更加充分、更加全面的民主

权利，但还存在一些人民群众反映强烈的突出问题。比如，因司法不公而造成伤害人民群众感情、损害人民群众权益的事情，非法干预破坏基层选举、拉票贿选等侵犯人民群众合法权益的行为等。

在文化权益层面，城乡之间、区域之间的精神文化生活发展水平还存在一定差距，还需继续提高基本公共文化服务的覆盖面和适用性，为人民提供更多更好的精神产品。

在社会权益层面，尽管我国已建成世界上规模最大的社会保障体系，社会保障水平不断提高，但社会保障事业还存在发展不平衡不充分的问题，诸如大病医疗、养老保险、农民工工伤、灵活就业群体社会保障问题亟待进一步解决。

在海外权益层面，由于国际安全环境不断发生深刻复杂的变化，一些地区局势动荡、冲突频发，部分国家政局不稳，侵犯我国海外公民、组织和机构合法权益的事件不时发生，我国海外利益安全面临的风险挑战不断增加。因此，需要更好统筹国内国际两个大局，在更高水平上着力打造海外中国平安体系，使海外中国公民、组织和机构的安全与正当权益得到有效保护，国家的海外利益不受威胁和侵害。

知识拓展

乌克兰撤离行动

2022年2月，乌克兰危机全面升级，遵照党中央决策部署，我国外交部迅速启动领事保护应急机制，指导中国驻乌克兰使馆、驻敖萨德总领馆等制定应急预案，并及时向在乌同胞发出安全预警和提醒。仅用10天，通过汽车、火车、飞机等多种交通工具在战火纷飞中将5 200多名同胞从乌克兰安全撤离。"当你们登上飞机时，就意味着踏上了祖国的土地，不再因为战争而流离失所，不再因为动荡的社会环境而感到不安，国航带你们回家。"听到航班机长的广播，回国同胞们热泪盈眶，温情视频传遍全网。

苏丹撤离行动

2023年4月，苏丹爆发武装冲突以来，我国外交部等有关部门、军队、相关驻外使领馆、中资企业紧急动员，周密组织撤离行动，共安全成功撤出1 500余名中国公民。除中国公民外，我国还在力所能及范围内积极救助别国公民，共帮助包括200多名巴基斯坦公民在内的其他8个国家的公民撤离。陈女士是中国在苏丹某企业员工，她在接受新华社记者采访时不断重复着一句话："强大的祖国是我们坚强的后盾！"在苏丹做生意、来自湖北的肖先生说："感谢国家！看到我们的军舰，我感到祖国的强大，我非常自豪。"

进入新时代以来，我国已组织实施20余次海外中国公民紧急撤离行动，处理各类领事保护案件50多万起，涉及中国公民数百万人。自2014年外交部全球领事保护与应急服务热线12308开通以来，已累计接听300多万通来电。这是"外交为民"的真实写照。

第三节　新时代维护人民安全的途径和方法

坚持以人民安全为宗旨，必须坚持以人民为中心推动国家安全治理，着力解决人民群众反映强烈的安全问题，充分调动人民群众维护国家安全的积极性，从根本上做好国家安全工作，不断提高人民群众安全感。

一、坚持以人民为中心推进国家安全体系和能力现代化

（一）牢固树立人民至上理念

习近平指出，"人民至上是作出正确抉择的根本前提"①。坚持把人民至上、安全发展理念贯穿于发展的各领域各环节，坚守"发展决不能以牺牲安全为代价"这条红线，依靠严密的责任体系、严格的法治措施、有效的体制机制、有力的基础保障和完善的系统治理，充分保障人民在发展中的中心地位，不断在更高质量上推动实现安全发展。

（二）不断提高维护人民安全的能力和水平

你走到哪里，哪里就有国家安全

新时代新征程上，要主动适应新形势新任务，增强风险意识，坚持多方参与、合作共享、风险共担，不断提高维护人民安全的制度化、现代化水平。要强化依法治理，健全相关法律法规和标准体系，着力提高维护人民安全的法治化水平，坚持运用法治思维和法治手段解决影响人民群众安全的问题。要健全风险防范化解机制，坚持从源头上防范化解重大安全风险，深入排查各类安全隐患，完善各类应急预案，提高应急处置能力，确保人民群众生命和财产安全。要进一步加强依法治网，推进网络空间法治化，推动互联网持续健康发展，维护人民群众的信息安全。要高度重视海外风险防范，加强海外利益保护，确保海外重大项目和人员机构安全，保护人民群众海外合法权益。

（三）坚定不移走中国人权发展道路

尊重和保障人权是中国共产党人的不懈追求。在百余年奋斗历程中，党领导人民走出了一条顺应时代潮流、适合中国国情的人权发展道路。新时代新征程上，要顺应人民对高品质美好生活的期待，不断满足人民日益增长的多方面的权利需求，统筹推进经济发展、民主法治、思想文化、公

---

① 《习近平谈治国理政》第四卷，外文出版社2022年版，第392页。

平正义、社会治理、环境保护等建设，全面做好教育、就业、社保、医疗等各方面工作，在物质文明、政治文明、精神文明、社会文明、生态文明协调发展中全方位提升人民群众各项权利保障水平。要坚持依法保障人权，加快完善体现权利公平、机会公平、规则公平的法律制度，保障公民人身权、财产权，保障公民参与民主选举、民主协商、民主决策、民主管理、民主监督等基本政治权利，保障公民经济、文化、社会、环境等各方面权利。要深化法治领域改革，健全人权法治保障机制，实现尊重和保障人权在立法、执法、司法、守法全链条、全过程、全方位覆盖，让人民群众在每一项法律制度、每一个执法决定、每一宗司法案件中都感受到公平正义。

二、着力解决人民群众反映强烈的安全问题

（一）以对人民极端负责的态度抓好安全生产工作

安全生产是民生大事，一丝一毫不能放松。要坚持党政同责、一岗双责、齐抓共管、失职追责，严格落实安全责任，细化落实各级党委和政府的领导责任、相关部门的监管责任、企业的主体责任。各级党委和政府要切实承担起"促一方发展、保一方平安"的政治责任，以"时时放心不下"的责任感把维护人民群众安全的责任压紧压实，努力为人民安居乐业、社会安定有序、国家长治久安编织全方位、立体化的公共安全网。要严格落实安全责任制，深入开展安全隐患排查整治，堵塞各类安全漏洞，从源头治起、从细处抓起、从短板补起，筑牢安全生产的防线，坚决防范和遏制重特大事故发生。

（二）不断提升公共卫生防控救治能力

深入贯彻落实《"健康中国2030"规划纲要》，有效实施人民健康促进政策。增加医疗资源，优化区域城乡布局，加强国家医学中心、区域医疗中心、县级医院建设，加快优质医疗资源扩容和区域均衡布局，让广大人民群众就近享有公平可及、系统连续的预防、治疗、康复、健康促进等

健康服务。推进县域医疗服务共同体建设，改善基层基础设施条件，落实乡村医生待遇，提高基层防病治病和健康管理的能力。以普及健康生活、优化健康服务、完善健康保障、建设健康环境、发展健康产业为重点，加快推进健康中国建设，努力全方位、全周期保障人民健康，加快形成有利于健康的生活方式、生产方式、经济社会发展模式和治理模式，实现人民健康和经济社会良性协调发展，为建成社会主义现代化强国奠定坚实根基。

（三）切实提升食品药品安全保障水平

食品药品安全关系每个人的身体健康和生命安全，社会关注度高，舆论燃点低，一旦出问题，很容易引起公众恐慌，甚至酿成群体性事件。要用严谨的标准、严格的监管、严厉的处罚、严肃的问责，确保人民群众"舌尖上的安全"。要加快制定相关安全标准，加快建立科学完善的食品药品安全治理体系，努力实现食品药品质量安全稳定可控、保障水平明显提升。要坚持产管并重，加快建立健全覆盖生产加工到流通消费的全程监管制度，加快检验检测技术装备和信息化建设，严把从农田到餐桌、从实验室到医院的每一道防线，着力防范系统性、区域性风险，保障食品药品安全。

（四）健全社会保障体系

社会保障体系是人民生活的安全网和社会运行的稳定器。目前，我国以社会保险为主体，包括社会救助、社会福利、社会优抚等制度在内，功能完备的社会保障体系基本建成。在新时代新征程上，要在推动社会保障事业高质量发展上持续用力，织密社会保障安全网，为人民生活安康托底。要进一步健全覆盖全民、统筹城乡、公平统一、安全规范、可持续的多层次社会保障体系。完善基本养老保险全国统筹制度，扩大社会保险覆盖面，促进多层次医疗保障有序衔接，健全分层分类的社会救助体系。加强军人军属荣誉激励和权益保障，健全退役军人工作体系和保障制度。

（五）全面提高国家综合防灾减灾救灾能力

防灾减灾救灾事关人民生命财产安全，事关社会和谐稳定，是衡量执政党领导力、检验政府执行力、评判国家动员力、体现民族凝聚力的重要尺度。要牢固树立以人民为中心的发展思想,增强忧患意识、责任意识,最大限度减少人员伤亡,妥善安排好受灾群众生活,最大程度降低灾害损失。要坚持以防为主、防抗救相结合,坚持常态减灾和非常态救灾相统一,努力实现从注重灾后救助向注重灾前预防转变,从应对单一灾种向综合减灾转变,从减少灾害损失向减轻灾害风险转变,全面提升全社会抵御自然灾害的综合防范能力。要加强应急救援队伍建设,建设一支专常兼备、反应灵敏、作风过硬、本领高强的应急救援队伍。要强化应急管理装备技术支撑,优化整合各类科技资源,依靠科技自主创新提高应急管理的科学化、专业化、智能化、精细化水平。

三、充分调动人民群众维护国家安全的积极性

(一)筑牢国家安全人民防线

人民是国家安全事务的参与者和管理者,是维护国家安全的力量源泉和坚强后盾。只有全社会都被广泛动员起来、行动起来,才能筑牢坚强有力的人民防线,夯实社会安全堤坝,使危害国家安全的人无处藏身,危害国家安全的行为无法得逞。要坚持马克思主义群众观点和党的群众路线,注重组织动员社会力量共同参与。拓展人民群众参与维护公共安全的有效途径,加强安全公益宣传,健全公共安全社会心理干预体系,积极引导社会舆论和公众情绪,动员全社会的力量来维护公共安全。按照"完善党委领导、政府负责、民主协商、社会协同、公众参与、法治保障、科技支撑的社会治理体系"的要求,充分发挥社会组织的积极作用,推动社会组织健康有序发展,逐步完善服务的方式方法,提高社会组织参与社会治理的效能,降低公共安全风险。

典型案例

> **知识拓展**
>
> **复兴路上的"朝阳群众""西城大妈"**
>
> 在有着2 000多万人口的首都北京,"朝阳群众""西城大妈"是两支响当当的群众队伍,声名远播,屡建奇功。习近平在2017年视察北京时专门强调,人民城市人民建、人民管,光靠政府力量不够。北京有自己的好传统,如"朝阳群众""西城大妈",哪里多一些红袖章,哪里就多一份安全、多一份安心。从北京中轴线往东看,"朝阳群众"举报犯罪、排查隐患,耳聪目明、正义感爆棚;往西看,"西城大妈"为民服务、邻里守望,成为西城志愿服务的金字品牌。重大活动中,他们走上街头巷尾,放哨站岗,红马甲、红袖标、红帽子是标志性的"三红";日常生活中,他们的身影随处可见,就在我们的身边,保护着一方的安全,守护着一方的安心。

(二)加强国家安全宣传教育学习

要推进总体国家安全观宣传教育常态化制度化,深入开展形势政策宣传教育,多措并举,加强国家安全宣传教育。要强化问题导向,增强问题意识,抓住关键问题,着力解决国家安全工作面临的突出问题和明显短板,达到学以致用、用有所成。要协调联动,全员覆盖,协调推动各地区、各部门和主流媒体持续营造开展总体国家安全观宣传教育的良好氛围,让总体国家安全观的科学理论飞入寻常百姓家,增强全社会国家安全意识,形成维护国家安全的强大合力。要认真学习有关国家安全的法律法规、规章制度,树立国家安全利益高于一切的观念,严格遵守国家安全法律法规,履行维护国家安全法定义务。

 **思考题**

1. 如何正确认识党全心全意为人民服务的宗旨和总体国家安全观坚持以人民安全为宗旨的关系？

2. 结合"把人民生命安全和身体健康放在第一位""全力保障人民群众生命财产安全和社会大局稳定""安全生产是民生大事，一丝一毫不能放松"这些重要论述，谈谈你对新时代维护人民安全面临风险挑战的认识。

3. 结合近些年来国家发展的典型案例来具体说明以人民安全为宗旨的科学内涵。

4. 通过身边人身边事，谈谈你对新时代坚持以人民为中心推进国家安全体系和能力现代化的理解。

第五章　坚持以政治安全为根本

政治安全是国家安全的根本，决定着其他领域和其他方面的国家安全。面对世界进入新的动荡变革期，在复杂多变的发展和安全环境中，必须坚持把政治安全作为根本，有效防范化解政治领域的各种风险，不断巩固党的执政地位和维护国家安全。

第一节　坚持以政治安全为根本的科学内涵

坚持以政治安全为根本，主要是指维护人民民主专政的国家政权安全、维护中国特色社会主义制度安全、维护社会主义意识形态安全。其中，维护人民民主专政的国家政权安全是根本，维护中国特色社会主义制度安全是基础，维护社会主义意识形态安全是关键，三者统一于坚持以政治安全为根本的生动实践。

一、维护人民民主专政的国家政权安全

人民民主专政是我国社会主义国家政权的实质和主要内容，是指工人阶级领导的，以工农联盟为基础的，对人民实行民主和对敌人实行专政的国家制度。近年来，国内外一些别有用心的人对我国人民民主专政的攻击和否定从未停止，特别是其中一些人通过鼓吹西方所谓"宪政"，重弹资产阶级共和国方案、"第三条道路"的老调，其实质就是在中国主张西方政治道路，企图颠覆人民民主专政。因此，坚持以政治安全为根本，首先要坚持宪法确定的中国共产党领导地位不动摇，坚持宪法确定的人民民主

专政的国体和人民代表大会制度的政体不动摇，维护人民民主专政的国家政权安全。中国是一个大国，决不能在这一根本性问题上出现颠覆性错误，一旦出现就无法挽回、无法弥补。我国是中国共产党执政、各民主党派参政，没有反对党，不是三权鼎立、多党轮流坐庄。在我国政治生活中，中国共产党是居于领导地位的，加强党的集中统一领导，同支持人大、政府、政协和监委、法院、检察院依法依章程履行职能、开展工作、发挥作用，并行不悖、有机统一。在此基础上，不断健全人民当家作主制度体系，加强人民当家作主制度保障。

人民民主是社会主义的生命，是全面建设社会主义现代化国家的应有之义。全过程人民民主是社会主义民主政治的本质属性，是最广泛、最真实、最管用的民主。我国社会主义性质的国体和政体决定了维护政权安全就是要体现人民意志、保障人民权益、激发人民创造活力，用制度体系保障人民当家作主。要支持和保证人民通过人民代表大会行使国家权力，发挥人大及其常委会在立法工作中的主导作用，健全人大组织制度和工作制度，支持和保证人大依法行使立法权、监督权、决定权、任免权，更好发挥人大代表作用，使各级人大及其常委会全面担负起宪法法律赋予的各项职责，成为同人民群众保持密切联系的代表机关。我国人民依法实行民主选举、民主协商、民主决策、民主管理、民主监督，这既有效防止了西方民主选举时漫天许诺、事后却无人过问的现象，也扩大了人民有序政治参与，集中反映了全过程人民民主的要求。而且，在中国共产党领导下，广大人民群众围绕改革发展稳定重大问题和涉及群众利益的实际问题，在决策之前和决策实施中，开展广泛协商，努力形成共识，充分体现了"有事好商量，众人的事情由众人商量"的人民民主真谛。实践充分证明，我国全过程人民民主实现了过程民主和成果民主、程序民主和实质民主、直接民主和间接民主、人民民主和国家意志相统一，是全链条、全方位、全覆盖的民主，开创了人类民主的新形态。

二、维护中国特色社会主义制度安全

中国特色社会主义制度是在我国社会主义实践中建立、发展和完善的，在经济、政治、文化、社会、生态等各个领域形成的一整套相互衔接、相互联系的科学制度体系，是由根本制度、基本制度、重要制度组成的制度系统集成。维护制度安全，就是要不断坚持、完善和发展中国特色社会主义制度。改革开放以来，中国特色社会主义制度不断健全，沿着系统完备、科学规范、运行有效的方向不断完善。实践反复证明，中国特色社会主义制度越完善、越发展，就越能抵御和化解日益严峻的风险和考验。

维护制度安全，必须不断凸显中国特色社会主义制度的显著优势。党的十八大以来，随着全面深化改革不断向纵深推进，中国特色社会主义制度在国际竞争中的比较优势和生机活力鲜明凸显，呈现出显著优势。把中国特色社会主义制度的显著优势发挥好是维护我国制度安全的时代要求和实践要求。

维护制度安全，必须推进全面深化改革。全面深化改革的总目标是完善和发展中国特色社会主义制度，推进国家治理体系和治理能力现代化。我国国家治理一切工作和活动都依照中国特色社会主义制度展开，要更加注重治理能力建设，增强按制度办事、依法办事意识，善于运用制度和法律治理国家，把各方面制度优势转化为管理国家的效能，提高党科学执政、民主执政、依法执政水平，从而通过不断增强制度执行力维护制度安全。全面深化改革，不是因为中国特色社会主义制度不好，而是要使它更好；坚定制度自信，不是要故步自封，而是要不断革除体制机制藩篱，让中国特色社会主义制度更加成熟和定型。无论在完善和发展中国特色社会主义制度方面，还是在国家治理体系和治理能力现代化建设方面，全面深化改革都是维护中国特色社会主义制度安全的主要动力。

三、维护社会主义意识形态安全

（一）意识形态关乎旗帜、关乎道路、关乎国家政治安全

意识形态工作是党的一项极端重要的工作，是为国家立心、为民族立魂的工作。维护社会主义意识形态安全，必须坚持马克思主义在意识形态领域的指导地位，巩固全党全国人民团结奋斗的共同思想基础。习近平指出："一个政权的瓦解往往是从思想领域开始的，政治动荡、政权更迭可能在一夜之间发生，但思想演化是个长期过程。思想防线被攻破了，其他防线就很难守住。"① 因此，筑牢这个防线对于维护政治安全是至关重要的。中国共产党是用马克思主义武装起来的无产阶级政党，马克思主义是中国共产党人理想信念的灵魂。苏联解体在很大程度上就是因为苏共放弃了马克思主义在意识形态领域的指导地位，放弃了马克思主义信仰，思想防线全面崩塌。维护社会主义意识形态安全的根本在于毫不动摇坚持马克思主义信仰和共产主义的理想信念，不断建设具有强大凝聚力和引领力的社会主义意识形态。

（二）维护社会主义意识形态安全，必须坚守好宣传舆论阵地

阵地是意识形态工作的基本依托。人在哪里，宣传舆论阵地就应该在哪里。舆论导向正确是党和人民之福，舆论导向错误是党和人民之祸。如果守不住舆论阵地，维护社会主义意识形态安全也就失去了依托，沦为一句空话。特别是在互联网、新媒体快速发展带来线上和线下、虚拟和现实等界限日益模糊的背景下，维护社会主义意识形态安全的任务更加紧迫而复杂，坚守好舆论阵地必须高度重视互联网这个意识形态斗争的主阵地、主战场、最前沿。始终保持坚强的阵地意识，在舆论斗争的战场上，遇错必纠、逢乱必治、寸土必争，推动形成线上线下良好舆论生态，这是维护

---

① 中共中央文献研究室编：《习近平关于社会主义文化建设论述摘编》，中央文献出版社2017年版，第21页。

社会主义意识形态安全的客观要求。

（三）维护社会主义意识形态安全，必须推进教育事业高质量发展

事实一再证明，各种敌对势力从来没有停止对中国共产党领导和我国社会主义制度进行颠覆破坏活动，他们下功夫最大的一个领域，就是争夺我们的青少年。这种斗争是长期的、严峻的。因此，必须重视维护教育领域的安全，抓好课堂教学主渠道建设，做好教材编写、审核、使用、研究和管理，做好各类国家教育考试工作，以"四有"好老师为目标、以教育家精神[①]为引领，不断加强师德师风建设，在推动教育对外开放中把牢正确方向和安全底线，在风清气正的育人环境中提高立德树人水平，推动教育强国建设。要坚持用社会主义核心价值观铸魂育人，完善思想政治工作体系，推进大中小学思想政治教育一体化建设，因事而化、因时而进、因势而新地做好学校思想政治工作。要把学校思想政治工作摆在学校教育的战略位置，认真落实意识形态工作责任制，敢抓敢管、敢于亮剑，做到守土有责、守土负责、守土尽责，不断加强党对学校意识形态的领导权。

第二节　新时代政治安全面临的风险挑战

党的十八大以来，在党中央的坚强领导下，我国防范化解重大政治风险的能力不断得到提升，政治安全不断得到巩固。同时也要清醒地认识到，我国政治安全形势依然复杂严峻，必须积极应对政治安全领域的风险挑战，为实现新时代新征程党的中心任务提供坚强政治保障。

[①] 教育家精神是 2023 年 9 月 9 日习近平在致全国优秀教师代表的信中提出的，主要内涵是：心有大我、至诚报国的理想信念，言为士则、行为世范的道德情操，启智润心、因材施教的育人智慧，勤学笃行、求是创新的躬耕态度，乐教爱生、甘于奉献的仁爱之心，胸怀天下、以文化人的弘道追求。

一、意识形态领域斗争复杂尖锐

在党领导人民历史奋进的伟大征程中,马克思主义的科学性和真理性在中国得到充分检验,马克思主义的人民性和实践性在中国得到充分贯彻,马克思主义的开放性和时代性在中国得到充分彰显。马克思主义中国化时代化不断取得成功,使马克思主义以崭新形象展现在世界上,使世界范围内社会主义和资本主义两种意识形态、两种社会制度的历史演进及其较量发生了有利于社会主义的重大转变。马克思主义在中国的伟大成功实践有力宣告了西方所谓"过时论"的过时、"失败论"的失败、"终结论"的终结、"崩溃论"的崩溃。近些年来,国内外一些别有用心的人打着"普世价值"旗号,尝试把他们那一套全盘西化的主张和要求塞给中国,对践行社会主义核心价值观造成了重大挑战,严重干扰了新时代中国特色社会主义事业的健康发展,对一些党员干部、青年学生产生了不容忽视的严重影响。必须清醒地看到,敌对势力并没有丝毫放松在意识形态领域对马克思主义的攻击和挑战。只有坚定对马克思主义的理想信念,坚持马克思主义在意识形态领域指导地位的根本制度,才能不断夯实维护国家政治安全的坚实思想基础。

> 国内外各种敌对势力,总是企图让我们党改旗易帜、改名换姓,其要害就是企图让我们丢掉对马克思主义的信仰,丢掉对社会主义、共产主义的信念。而我们有些人甚至党内有的同志却没有看清这里面暗藏的玄机,认为西方"普世价值"经过了几百年,为什么不能认同?西方一些政治话语为什么不能借用?接受了我们也不会有什么大的损失,为什么非要拧着来?有的人奉西方理论、西方话语为金科玉律,不知不觉成了西方资本主义意识形态的吹鼓手。
> ——习近平在全国党校工作会议上的讲话(2015年12月11日)

二、策划"颜色革命"和"西化"中国图谋从未停歇

西方敌对势力在我国策划"颜色革命"的战略图谋是长期的，他们从来没有停止过对我国实施"西化"战略。近些年来，一些国家发生的"颜色革命"大都以年轻人尤其是学生为主要参与主体，以移动电话、互联网以及本国、外国的媒体为主要沟通联络手段，以摇滚乐和流行音乐等大众性文化活动为主要掩护形式，以公布精心设计的欺骗性集会和选举程序、提供大量的生活必需品和可观的报酬等为主要保障手段。他们的一贯做法是利用媒体为发动"颜色革命"制造舆论氛围，搜集、散布、夸大现政权的错误和问题，以挑拨和激起民众的不满和反抗情绪；同时向民众渗透西方价值观，推动其认同西方的经济政治制度，并培植大量非政府组织，全方位培训反对派领导人，抓住政府换届选举或突发事件的时机，以达到推翻现政权的目标。个别西方国家策划"颜色革命"，往往从所针对的国家的政治制度特别是政党制度开始发难，大造舆论，大肆渲染，把不同于西方的政治制度和政党制度打入另类、编入另册，煽动民众搞街头政治。当今世界，意识形态领域看不见硝烟的战争无处不在，政治领域没有枪炮的较量一直未停。面对一些国家被"颜色革命"折腾得国家战火纷飞、民族四分五裂、百姓流离

典型案例

失所的严酷事实，习近平指出："搞了西方的那套东西就更自由、更民主、更稳定了吗？一些发展中国家照搬西方政治制度和政党制度模式，结果如何呢？很多国家陷入政治动荡、社会动乱，人民流离失所。活生生的例子就在眼前。"① 这充分表明以习近平同志为核心的党中央对西方敌对势力策划"颜色革命"以威胁我国政治安全的清醒认识，也表明维护好政治安全对经济社会持续健康发展的极端重要性。

---

① 中共中央文献研究室编：《习近平关于社会主义政治建设论述摘编》，中央文献出版社2017年版，第19页。

> **知识拓展**
>
> **什么是"颜色革命"?**
>
> 所谓"颜色革命",是指进入21世纪以来,在东欧、高加索、中亚、北非和西亚等地区发生的一系列以颜色或花朵等命名、以"非暴力"或"可控混乱"方式进行的政权更迭运动。2000年塞尔维亚的"天鹅绒革命",2003年格鲁吉亚的"玫瑰革命",2004年乌克兰的"橙色革命",2005年吉尔吉斯斯坦的"郁金香革命",2010年年底至2011年年初突尼斯的"茉莉花革命"及随后发生的"阿拉伯之春"运动,2014年乌克兰的"广场革命"等,都是典型的"颜色革命"。"颜色革命"往往导致所在国家和地区政权更迭、矛盾激化、社会失序、企业倒闭、资本外流、经济衰退,甚至陷入内战频繁、居民流离失所、国家四分五裂的状态。"颜色革命"的实质是个别西方国家通过各种手段在有关国家和地区进行各领域渗透、培植政治反对派并鼓励其利用社会矛盾推翻现政权的一种政治颠覆活动。

三、"三股势力""台独"等"分化"中国的威胁依然存在

进入21世纪,民族分裂势力、宗教极端势力、暴力恐怖势力"三股势力"相互勾结,积极谋划和从事并实施破坏民族团结和祖国统一的阴谋活动,给边疆地区经济社会发展和人民群众生命财产安全造成了重大损失。2008年拉萨"3·14"打砸抢烧严重暴力犯罪事件、2009年乌鲁木齐"7·5"打砸抢烧严重暴力犯罪事件后,我国不断加强对"三股势力"的

遏制和打击，取得了重大成效。但是，"三股势力"的威胁依然存在，并呈现出更加隐蔽、分散的特点。特别值得注意的是，"三股势力"还有不断向教育领域渗透的迹象。因此，与"三股势力"的斗争，一定要放在近代以来中国人民同帝国主义侵略势力分裂中国的图谋不断进行斗争的大背景下去把握，从维护国家政权安全、巩固和发展中国特色社会主义制度的政治高度去部署，始终牢记这是一场坚决粉碎西方敌对势力对我国实施"分化"图谋的斗争，是一场捍卫祖国统一、维护民族团结的斗争。与"三股势力"的斗争根本没有调和、妥协和退让的余地，更不能抱侥幸的心理而听之任之。

2019年6月，我国香港地区爆发了"修例风波"，暴徒采用堵路、打砸、纵火、攻击不同意见者等方式，肆无忌惮破坏香港的社会秩序，挑战"一国两制"原则底线。面对香港局势动荡变化，中央依照我国宪法和香港基本法有效实施对特别行政区的全面管治权，制定实施《香港特别行政区维护国家安全法》，落实"爱国者治港"原则，推动香港局势实现由乱到治的重大转折。当前，香港正处在从由乱到治走向由治及兴的新阶段。要坚持和完善"一国两制"制度体系，落实中央全面管治权，落实"爱国者治港""爱国者治澳"原则，落实特别行政区维护国家安全的法律制度和执行机制。要坚决打击反中乱港乱澳势力，坚决防范和遏制外部势力干预港澳事务。任何危害国家主权安全，挑战中央权力和基本法权威，利用香港、澳门对内地进行渗透破坏的活动，都是对"一国"底线的触碰，都是绝不能允许的。

台湾自古就是中国的神圣领土。所谓"台湾独立"（简称"台独"），是企图把台湾从中国分割出去，是分裂国家的严重罪行，损害两岸同胞共同利益和中华民族根本利益，是彻头彻尾的倒行逆施。习近平指出："统一是历史大势，是正道。'台独'是历史逆流，是绝路。……广大台湾同胞不分党派、不分宗教、不分阶层、不分军民、不分地域，都要认清'台独'只会给台湾带来深重祸害，坚决反对'台独'分裂，共同追求和平统一的光明前景。我们愿意为和平统一创造广阔空间，但绝不为各种形式的'台独'分裂活动留下任何空间。"①搞"台独"分裂抗拒统一，根本过不了中华民族的历史和文化这一关，也根本过不了14亿多中国人民的决心和意志这一关，是绝对不可能得逞的。解决台湾问题、实现祖国完全统一，是党矢志不渝的历史任务，是全体中华儿女的共同愿望，是实现中华民族伟大复兴的必然要求。随着中华民族伟大复兴进程的加快，一个中国原则在国际社会越来越深入人心，任何"台独"分裂和外部势力干涉的图谋都注定会走向破产，祖国完全统一的大业一定能够实现，两岸同胞将共同促进中华民族的伟大复兴和繁荣昌盛，让中华民族以更加昂扬的姿态屹立于世界民族之林。

四、解决大党独有难题过程长期艰巨

全面建设社会主义现代化国家、全面推进中华民族伟大复兴，关键在党。经过党的十八大以来不懈推进全面从严治党，党找到了自我革命这一跳出治乱兴衰历史周期率的第二个答案，自我净化、自我完善、自我革新、自我提高能力显著增强，党在革命性锻造中也更加坚强有力。但是，党面临的执政考验、改革开放考验、市场经济考验、外部环境考验这"四大考验"仍长期存在，对党的执政地位构成严重风险挑战。同时，精神懈怠危险、能力不足危险、脱离群众危险、消极腐败危险这"四种危险"也仍长期存在，侵蚀党的思想道德基础，损害党内政治生态和党的形象。

习近平指出："我们党是在马克思主义建党学说指导下、按照民主集中制原则建立起来的世界最大政党，在世界上人口最多的国家长期执政，历史久、人数多、规模大，既有办大事、建伟业的巨大优势，也面临治党

---

① 《习近平著作选读》第二卷，人民出版社2023年版，第237页。

治国的特殊难题。"① 中国共产党作为百年大党，必须时刻保持解决大党独有难题的清醒和坚定。如何始终不忘初心、牢记使命，如何始终统一思想、统一意志、统一行动，如何始终具备强大的执政能力和领导水平，如何始终保持干事创业的精神状态，如何始终能够及时发现和解决自身存在的问题，如何始终保持风清气正的政治生态，都是我们这个大党必须解决的独有难题。要解决这些难题，必须深入贯彻习近平关于党的自我革命的重要思想，坚持不懈推进全面从严治党，坚持以政治建设为统领，坚持把思想建设作为党的基础性建设，坚决落实中央八项规定精神，坚持以雷霆之势反腐惩恶，坚持增强党组织政治功能和组织功能，坚持构建自我净化、自我完善、自我革新、自我提高的制度规范体系，不断开辟百年大党自我革命新境界。

面对全面建成社会主义现代化强国、以中国式现代化全面推进中华民族伟大复兴的崇高使命，面对前进道路上风高浪急甚至惊涛骇浪的重大挑战，面对"四大考验""四种危险"，解决大党独有难题必然是一个长期而艰巨的过程，这就决定了全面从严治党永远在路上，党的自我革命永远在路上。全党务必不忘初心、牢记使命，务必谦虚谨慎、艰苦奋斗，务必敢于斗争、善于斗争，坚定历史自信，增强历史主动，在新时代新征程上团结带领广大人民群众赢得更加伟大的胜利和荣光。

第三节　新时代维护政治安全的途径和方法

新时代维护政治安全的系统性、复杂性和长期性日益凸显，必须以总体国家安全观为指导，从现实矛盾和重点领域出发，不断丰富路径、创新方法，提高新时代维护国家政治安全的能力和水平。

---

① 习近平：《时刻保持解决大党独有难题的清醒和坚定，把党的伟大自我革命进行到底》，《求是》2024 年第 6 期，第 4 页。

一、牢牢坚持马克思主义指导思想的地位

马克思主义是我们立党立国、兴党兴国的根本指导思想。只有坚持马克思主义在意识形态领域的指导地位，才能科学处理意识形态工作同经济建设、指导思想主导性同思想文化观念多样性之间的关系，有效防范意识形态工作上的错误倾向，使维护政治安全的各项工作更加体现科学性、把握规律性、增强实效性。

必须坚持马克思主义理论武装，坚定理想信念。中国共产党始终是马克思主义的忠诚信奉者和坚定实践者。坚定的理想信念是建立在对马克思主义的深刻理解之上的。正是因为不断坚定对马克思主义的信仰，一代又一代中国共产党人在深刻把握历史发展规律的基础上，始终把坚定理想信念，坚守共产党人精神追求作为安身立命的根本。有了坚定的理想信念，站位就高了，眼界就宽了，心胸就开阔了，就能坚持正确政治方向，在胜利和顺境时不骄傲不急躁，在困难和逆境时不消沉不动摇，经受住各种风险和困难考验，自觉抵御各种腐朽思想的侵蚀，永葆共产党人政治本色。如果理想信念不坚定，政治上就会不合格，也就经不起任何风险考验，很难维护国家的政治安全。

必须善于运用马克思主义世界观和方法论，做到实事求是。实事求是，是马克思主义的根本观点，是中国共产党人认识世界、改造世界的根本要求，是中国共产党的基本思想方法、工作方法、领导方法。运用马克思主义世界观和方法论，首要的是把握好习近平新时代中国特色社会主义思想的世界观和方法论，坚持好、运用好贯穿其中的立场观点方法。坚持实事求是，就是要从错综复杂的现象中发现事物内部存在的必然联系，深入实际了解事物的本来面貌，形成科学的认识并指导实际工作。国内外敌对势力对我国的各种渗透和演变从未停止，特别是在信息化和全球化日益发展的今天，这些渗透和演变变得更加隐秘而广泛，影响我国政治安全的风险因素明显增多。只有把握好习近平新时代中国特色社会主义思

想的世界观和方法论，坚持实事求是，才能在复杂的发展环境中擦亮眼睛，认清国内外敌对势力的真实面目，及时消除政治隐患，筑起政治安全的防火墙。

二、牢牢坚持和不断加强党的全面领导

（一）充分发挥党总揽全局、协调各方的领导核心作用

坚持党的全面领导，是坚持和发展中国特色社会主义的必由之路。中国共产党领导贯穿我国政治运行和发展的各领域各环节。党总揽全局、协调各方的领导核心作用，是发展全过程人民民主、保障人民当家作主的首要条件，是维护我国政治安全的根本方式和路径。在具体的政治实践中，要通过人民代表大会制度保证党的路线方针政策和决策部署在国家工作中得到全面贯彻和有效执行；通过不断加强和完善党的领导，使党的主张通过法定程序转化为国家意志，使党组织推荐的人选通过法定程序成为国家政权机关的领导人员，通过国家政权机关实施党对国家和社会的领导，运用民主集中制原则维护党和国家权威、维护全党全国团结统一。

> 我国社会主义政治制度优越性的一个突出特点是党总揽全局、协调各方的领导核心作用，形象地说是"众星捧月"，这个"月"就是中国共产党。在国家治理体系的大棋局中，党中央是坐镇中军帐的"帅"，车马炮各展其长，一盘棋大局分明。如果中国出现了各自为政、一盘散沙的局面，不仅我们确定的目标不能实现，而且必定会产生灾难性后果。
> ——习近平在省部级主要领导干部学习贯彻党的十八届四中全会精神全面推进依法治国专题研讨班上的讲话
> （2015年2月2日）

（二）坚决维护习近平同志党中央的核心、全党的核心地位，坚决维护党中央权威和集中统一领导

坚决维护习近平同志党中央的核心、全党的核心地位，坚决维护党中央权威和集中统一领导，是维护政治安全的政治基础和根本保障。只有党中央有权威，才能把全党牢固凝聚起来，进而把全国各族人民紧密团结起来，形成万众一心、无坚不摧的磅礴力量。反之，如果党中央没有权威，党的理论和路线方针政策可以随意不执行，大家各自为政、各行其是，想干什么就干什么，想不干什么就不干什么，党就会变成一盘散沙，就会成为自行其是的"私人俱乐部"，党的领导就会成为一句空话。这要求我们深刻领悟"两个确立"的决定性意义，增强"四个意识"，坚定"四个自信"，做到"两个维护"，不断提高政治判断力、政治领悟力、政治执行力。

（三）在坚持党的群众路线中不断夯实党执政的群众基础

中国共产党来自人民、植根人民、服务人民。维护政治安全，必须坚持党的群众路线，夯实党执政的群众基础。任何一项伟大事业要成功，都必须从人民中找到根基，从人民中集聚力量，由人民共同来完成。违背人民意愿，脱离人民支持，任何事业都会成为无源之水、无本之木，都是不能成功的。维护政治安全，必须把坚持马克思主义群众观点和党的群众路线作为重大原则问题和根本工作方法。其中，最关键的就是在维护政治安全的具体工作实践中真正做到一切为了群众，一切依靠群众，从群众中来，到群众中去，把维护政治安全的各项工作转化为人民群众的自觉行动，筑牢维护和塑造政治安全的人民长城。

三、始终坚定中国特色社会主义"四个自信"

（一）坚定道路自信，确保维护政治安全的正确方向

举什么旗、走什么路，关乎党的兴衰、国家前途、民族命运和人民幸

福。维护政治安全，必须坚定道路自信。中国特色社会主义好，中国特色社会主义道路走得对、行得通，这不是哪个人的主观判断，而是实践作出的有力回答，是从历史发展和国际对比中得出的深刻结论。"党在百年奋斗中始终坚持从我国国情出发，探索并形成符合中国实际的正确道路。中国特色社会主义道路是创造人民美好生活、实现中华民族伟大复兴的康庄大道。"① 当代中国的伟大社会变革，不是简单延续我国历史文化的母版，不是简单套用马克思主义经典作家设想的模板，不是其他国家社会主义实践的再版，也不是国外现代化发展的翻版。因此，坚定道路自信，就要既不走封闭僵化的老路，也不走改旗易帜的邪路，而是走改革开放这条必由之路，在贯彻新发展理念和构建新发展格局中不断提高领导改革开放的能力和水平，为实现中国式现代化这个最大的政治提供根本动力，不断夯实我国政治安全的道路基础。

（二）坚定理论自信，筑牢维护政治安全的理论根基

中国共产党为什么能，中国特色社会主义为什么好，归根到底是马克思主义行，是中国化时代化的马克思主义行。拥有马克思主义科学理论指导是中国共产党坚定信仰信念、把握历史主动的根本所在。中国特色社会主义理论自信源于马克思主义中国化时代化创新成果的科学性，源于中国特色社会主义伟大实践的深刻变革，蕴含着中国共产党运用马克思主义正确回答时代和实践提出的重大问题的卓越理论能力。在新时代新征程上坚定理论自信，就是要坚定对习近平新时代中国特色社会主义思想这一当代中国马克思主义、二十一世纪马克思主义的高度自信，坚持用新时代党的创新理论成果指导全面建设社会主义现代化国家新实践，就是要用习近平新时代中国特色社会主义思想教育人，以理论武装增强理论自觉，以理论自觉增强理论自信，在各种风险考验面前保持理论坚定，在大是大

---

① 《中共中央关于党的百年奋斗重大成就和历史经验的决议》，人民出版社2021年版，第68页。

非面前保持理论清醒，筑牢维护政治安全的理论基础。

（三）坚定制度自信，强化维护政治安全的制度保障

维护政治安全，必须坚定制度自信。实践充分证明，中国特色社会主义制度和国家治理体系是以马克思主义为指导、植根中国大地、具有深厚中华文化根基、深得人民拥护的制度和治理体系。面对政治安全领域的各种风险，要坚持党的领导制度这一根本领导制度毫不动摇，推动中国特色社会主义制度体系更加完善，使中国特色社会主义各方面制度更加巩固、优越性充分展现，把我国政治安全建立在坚实制度基石之上，并通过不断强化制度执行力，实现以显著制度优势和治理效能保障政治安全。正如习近平在讲到制度执行问题时所指出的那样："真正执行和落实了，方向上就没有问题，政治上就不会出问题。"[①]

（四）坚定文化自信，凝聚维护政治安全的多方合力

今天，我国各方面实力前所未有地得到提升，我们比历史上任何时期都有信心和能力维护好国家的政治安全。但我们一刻也不能忘记，我国政治安全所面临的风险挑战极其尖锐复杂，维护政治安全的工作压力和任务异常沉重。只有充分调动社会各方面的积极因素，形成万众一心、众志成城的合力，才能一往无前、无坚不摧，构筑起维护我国政治安全的钢铁长城。要凝聚起维护政治安全的多方合力，就必须坚定文化自信。文化自信是更基础、更广泛和更深厚的自信，是凝聚人心、团结民众的精神血脉和根本纽带，也是中国共产党文化主体性的彰显。坚定文化自信，就是要坚持推动中华优秀传统文化创造性转化、创新性发展，不断推进马克思主义基本原理同中国具体实际、同中华优秀传统文化相结合，推动构建中华民族现代文明。

[①]《习近平著作选读》第二卷，人民出版社2023年版，第285页。

四、全面贯彻党的民族政策和宗教政策

民族和宗教问题是关系国家政治安全的重大问题。党的十八大以来，习近平着眼新时代民族工作面临的新形势新特点，深刻阐述中国特色解决民族问题的正确道路，科学把握新时代党和国家事业发展对民族工作提出的新任务新要求，创造性提出铸牢中华民族共同体意识这一原创性重大论断，形成了习近平关于加强和改进民族工作的重要思想。铸牢中华民族共同体意识，就是要引导各族人民牢固树立休戚与共、荣辱与共、生死与共、命运与共的共同体理念，这是新时代全面贯彻党的民族政策、维护我国政治安全的根本指导。习近平指出，"要准确把握和全面贯彻我们党关于加强和改进民族工作的重要思想，以铸牢中华民族共同体意识为主线，坚定不移走中国特色解决民族问题的正确道路"①。必须全面贯彻党的民族政策，深化民族团结进步教育，铸牢中华民族共同体意识，加强各民族交往交流交融，促进各民族像石榴籽一样紧紧抱在一起，共同团结奋斗、共同繁荣发展。铸牢中华民族共同体意识作为新时代党的民族工作的"纲"，是维护各民族根本利益的必然要求，是实现中华民族伟大复兴的必然要求，是巩固和发展平等团结互助和谐社会主义民族关系的必然要求，是党的民族工作开创新局面的必然要求，对保障国家政治安全至关重要。只有铸牢中华民族共同体意识，各民族共同维护好国家安全和社会稳定，构筑起维护国家统一和民族团结的坚固思想基础，才能有效抵御各种极端、分裂思想的渗透颠覆，不断实现各族人民对美好生活的向往。

党的十八大以来，党中央提出一系列关于宗教工作的新理念新举措，回答了新时代怎样认识宗教、怎样处理宗教问题、怎样做好党的宗教工作等重大理论和实践问题。这些新理念新举措是新时代全面贯彻党的宗教工作理论和方针政策、维护我国政治安全的根本遵循。要完整、准确、全面

---

① 《习近平谈治国理政》第四卷，外文出版社2022年版，第243页。

贯彻党的宗教信仰自由政策，尊重群众宗教信仰，依法管理宗教事务，坚持独立自主自办原则，积极引导宗教与社会主义社会相适应。这既要深入推进我国宗教中国化，引导和支持我国宗教以社会主义核心价值观为引领，增进宗教界人士和信教群众对伟大祖国、中华民族、中华文化、中国共产党、中国特色社会主义的认同，又要坚持以政治安全为根本，推动构建党委领导、政府管理、社会协同、宗教自律的宗教事务治理格局，切实解决影响我国宗教健康传承的突出问题。

习近平指出："民族领域的思想阵地，同其他思想阵地一样，如果我们不用正确思想去占领，错误思想就会去占领。民族领域的思想政治斗争，是我们同国内外敌对势力在民族问题上斗争的前哨战，这场斗争依然尖锐复杂。"[1] 在贯彻党的民族政策和宗教政策过程中，必须严密防范和严厉打击"三股势力"，坚持在涉民族和宗教问题上的斗争精神，提升我国民族和宗教工作的国际话语权，不断筑牢民族和宗教领域的思想阵地。

思考题

1. 结合自己的成长和学习经历，谈谈你对政治安全的理解。
2. 如何理解在维护和塑造国家安全工作中必须坚持以政治安全为根本？
3. 如何把握新时代我国政治安全面临的风险挑战？
4. 结合日常学习生活，谈谈坚定中国特色社会主义道路自信、理论自信、制度自信、文化自信在维护我国政治安全中的重要作用。

---

[1] 《习近平著作选读》第一卷，人民出版社2023年版，第285页。

第六章 坚持以经济安全为基础

有效维护经济安全是维护其他领域安全的基础和条件。总体国家安全观坚持以经济安全为基础,彰显了经济安全在国家安全中的重要性,深化了对经济安全工作的规律性认识和把握,既符合经济发展规律又体现时代要求,对维护和塑造国家安全具有重要意义。

第一节 坚持以经济安全为基础的科学内涵

经济安全主要包括基本经济制度安全、经济主权安全、经济秩序安全、经济发展道路安全和重点经济领域安全等内容。全面认识坚持以经济安全为基础的科学内涵,是维护我国经济安全的重要前提和条件。

> 履行党领导经济工作的职能,议大事、抓大事。发展是党执政兴国的第一要务,作为执政党,我们必须切实加强党对经济工作的领导,扎扎实实做好经济工作。
> ——习近平在中央经济工作会议上的讲话
> (2012年12月15日)

一、维护基本经济制度安全

我国确立公有制为主体、多种所有制经济共同发展,按劳分配为主体、多种分配方式并存,社会主义市场经济体制等社会主义基本经济制度。坚持基本经济制度不动摇，是有效维护我国经济安全的底线要求。

基本经济制度安全在国家经济安全中的地位至关重要。制度优势是一个国家的根本优势，只有保证基本经济制度安全，才能解放和发展生产力。我国《宪法》规定："中华人民共和国的社会主义经济制度的基础是生产资料的社会主义公有制，即全民所有制和劳动群众集体所有制。""在法律规定范围内的个体经济、私营经济等非公有制经济，是社会主义市场经济的重要组成部分。"公有制为主体、多种所有制经济共同发展，既是社会主义制度优越性的集中体现，也是把马克思主义基本原理创造性地运用在我国基本经济制度上的伟大创造。公有制经济和非公有制经济都是社会主义市场经济的重要组成部分，共同构成我国经济社会发展的重要基础。要坚持和完善公有制为主体、多种所有制经济共同发展的所有制结构，激发各类经营主体活力，保证基本经济制度安全。

所有制结构决定着分配制度。我国基本经济制度规定的所有制结构，决定了必然要采取按劳分配为主体、多种分配方式并存的分配制度。这一分配制度符合我国生产力和生产关系的实际，既有利于鼓励先进，提升效率，最大限度激发活力，又有利于防止两极分化，逐步实现共同富裕，体现了公平与效率的有机统一。要不断地完善分配制度，构建初次分配、再分配、第三次分配协调配套的制度体系。只有保证基本经济制度安全，保障分配公平，才能推动共同富裕取得实质性进展。

社会主义市场经济体制是在社会主义公有制基础上，在国家宏观调控下，推动有效市场和有为政府更好结合的一种经济体制，是中国特色社会主义的重大理论和实践创新，是对马克思主义政治经济学的原创性贡献。改革开放以来，我国深入推动经济体制改革，不断完善社会主义市场经济体制，极大促进了生产力发展，创造了世所罕见的经济快速发展奇迹。要保证基本经济制度安全，须在更高起点、更高层次、更高目标上推进经济体制改革，构建高水平社会主义市场经济体制。

二、维护经济主权安全

经济主权是国家主权在经济领域的反映和要求。对内主要表现为国家有权自主制定经济发展方针政策、自主管理经济活动、自主控制重要资源和战略产业等；对外主要表现为平等参与制定国际经济秩序权以及自由利用国际市场权等。

回顾历史，可以屡屡看到丧失经济主权导致国家经济凋敝的惨痛教训。20 世纪 80 年代，拉丁美洲国家采取盲目引进外资的依附性发展模式，尽管在一段时间内经济保持高位增长，但由于国家经济主权受到严重侵害，牺牲国家经济主权的经济发展方式不可持续，最终导致严重的政治、经济和社会后果。中国始终把捍卫经济主权安全作为维护国家经济安全不可逾越的底线和红线，在维护国家经济主权上旗帜鲜明、立场坚定、态度一贯，坚决反对一些国家打压、控制别国经济主权和掠夺他国经济资源，在防范、抵御和化解国家经济安全面临的各种风险挑战中，不断维护经济主权安全。

三、维护经济秩序安全

经济秩序是指通过法律、经济伦理和行政手段建立起来的基本规则以及经济运行的有序性。现代经济的基础是社会化大生产，经济关系高度复杂，生产运行呈现出组织化、规模化和按比例发展等鲜明特点。这就决定了现代经济的运行必须建立在规则和秩序的基础之上。离开了规则和秩序，就会导致经济混乱。经济秩序混乱对经济运行的负面影响主要包括以下几个方面：一是经济活动中成本非正常上升，降低经济效益；二是经济运行的顺畅程度下降，降低经济运行效率；三是利益再分配失衡，影响经济和社会稳定。因此，《国家安全法》规定："国家维护国家基本经济制度和社会主义市场经济秩序，健全预防和化解经济安全风险的制度机制，保障关系国民经济命脉的重要行业和关键领域、重点产业、重大基础设施和重大建设项目以及其他重大经济利益安全。"具体来说,经济秩序安全主要包含以下两方面的基本内容:

第一,生产领域秩序安全。生产领域是直接创造物质财富的领域,是一个复杂的大系统。生产领域秩序安全之所以重要,是因为社会生产是增加国民财富、提高人民群众物质生活水平的基本途径,是其他各种经济活动的基础。因此,生产领域是经济循环的基础,是经济秩序的第一环。生产领域保持合理秩序,可以使自然资源和人的劳动通过生产活动有序转化为社会产品并通过流通和消费实现其价值,从而使得社会生产成为经济活动的源头活水。如果生产领域秩序遭到破坏,整个经济秩序的发展链条就从根本上受到了损害,其他领域的秩序安全就失去了根基。

第二,流通领域秩序安全。流通领域是以货币为媒介交换商品的领域,连接生产和消费的两头,是社会生产不可或缺的一个环节。流通领域秩序安全之所以重要,是因为没有安全的流通领域秩序,商品的价值和使用价值就不可能实现。流通领域不受干扰和破坏,保持正常合理的秩序,能够使社会财富有序流转,增加经济发展的活力与动力,实现社会主义市场经济的有效运行,促使国家不断走向繁荣。在我国数字经济蓬勃发展的时期,维护流通领域秩序的安全具有更加突出的作用,这能保证我国经济循环血脉畅通,充满活力,否则经济运行就会遭受巨大的破坏。

四、维护改革开放的经济发展道路安全

一般来说,经济发展安全主要是指国家的经济发展处于不受威胁,或者能够有效应对发展中各种风险的状态,以及保障、维护和塑造持续安全状态的能力。主要包括三层含义:一国政府能够牢固掌握本国的经济主权和经济命脉,自主决定本国经济制度、发展战略、自然资源利用和主要经济活动的权利不受侵犯;经济发展能够有效抵御国内外因素的

威胁和侵害，具备可持续发展的能力；国家具有较强的经济实力、经济竞争力、资源能源保障能力、危机管理能力和参与制定国际经济规则的能力。

改革开放是当代中国大踏步赶上时代的重要法宝，是决定中国式现代化成败的关键一招，也是以中国式现代化全面推进中华民族伟大复兴的必由之路。中国共产党作出实行改革开放的历史性决策，是基于对党和国家前途命运的深刻把握，是基于对社会主义革命和建设实践的深刻总结，是基于对时代潮流的深刻洞察，是基于对人民群众期盼和需要的深刻体悟。正是在改革开放的伟大理论和实践创造中，党开辟出了中国特色社会主义道路，不断推动中国经济发展、社会繁荣。当代中国发展实践深刻证明，改革开放是党的一次伟大觉醒，正是这个伟大觉醒孕育了党从理论到实践的伟大创造。改革开放是中国人民和中华民族发展史上一次伟大革命，正是这次伟大革命推动了中国特色社会主义事业的伟大飞跃。

坚持改革开放是维护经济发展道路安全的关键，也是维护国家安全的重要基石。习近平指出，"如果没有一九七八年我们党果断决定实行改革开放，并坚定不移推进改革开放，坚定不移把握改革开放的正确方向，社会主义中国就不可能有今天这样的大好局面，就可能面临严重危机，就可能遇到像苏联、东欧国家那样的亡党亡国危机"①。随着国际国内经济形势的发展变化，经济运行中的不确定性因素越增多，经济风险发生概率越上升，越要坚定道路自信，不断在更高起点上推进改革开放，这是维护我国经济发展道路安全、有效应对各种经济风险的根本。

五、维护重点经济领域安全

现代经济是一个复杂的系统。在这个系统中，一些经济领域对整个国

---

① 《习近平著作选读》第一卷，人民出版社2023年版，第78页。

民经济运行具有重要影响，这些领域就是重点经济领域。重点经济领域安全对于维护整个经济安全举足轻重。

金融是现代经济的核心。金融活，经济活；金融稳，经济稳。金融安全主要是指国家的金融体系能够抵御内外部冲击，金融主权相对处于没有危险和不受威胁，国家其他利益处于免受金融手段或渠道所致危险和威胁的状态，以及保障、维护和塑造持续安全状态的能力。金融安全是经济平稳健康发展的重要基础。维护金融安全，是关系我国经济社会发展全局的一件带有战略性、根本性的大事。《管子·乘马》曰："市者可以知治乱，可以知多寡。"准确判断风险隐患是保障金融安全的前提。当前，国际金融风险易发高发，金融危机外溢性突显，世界金融市场也乱象丛生，存在着引发系统性金融风险的重大隐患。金融风险有的是长期潜伏的病灶，隐藏得很深，但可能爆发在一瞬间。2007年美国次贷危机及其引发的国际金融危机就是这样。在全面建设社会主义现代化国家进程中，必须充分认识金融在经济发展和社会生活中的重要地位和作用，切实把维护金融安全作为治国理政的一件大事，扎扎实实把金融工作做好。

粮食安全是事关国运民生的战略问题。粮食安全主要是指国家立足粮食基本自给，在粮食生产总量、满足居民对粮食的直接消费和间接消费、确保种源自主可控等方面没有危险和不受内外威胁的状态，以及保障、维护和塑造持续安全状态的能力。保障粮食安全是实现经济发展、社会稳定、国家安全的重要基础。从我国历代王朝更迭、政权交替中，可以得出一个重要启示：无农不稳，无粮则乱。"民以食为天""手中有粮、心中不慌"，这些生动语言深刻反映了粮食安全的极端重要性。有些人以为，有钱就能买到粮，多进口一些农产品还可以节省自己的地和水。但实际情况是，国际上一有风吹草动，各国就先捂住自己的"粮袋子"。如果在吃饭问题上被"卡脖子"，就会被一剑封喉，粮食出了问题，谁也救不了我们。我国是人口众多的大国，粮食安全必须靠我们自己保证。解决好吃饭问题，确保中国人的饭碗任何时候都牢牢端在自己手中，中国人的饭碗里应该主要装中国粮，这对于把牢粮食安全主动权、把稳强国复兴主动权具有重大战略意义。

产业链供应链是现代经济的重要形态，其韧性和安全水平反映一国经济抵抗风险的能力，对现代化经济体系运行具有重要影响。产业链供应链安全主要是指在全球产业分工中，国家的产业链供应链在受到外部冲击后仍能保持生产、分配、流通、消费各个环节畅通，维持产业链上下游各环节环环相扣，供应链前后端供给需求关联耦合、动态平衡的状态，以及保障、维护和塑造持续安全状态的能力。维护产业链供应链稳定安全是构建新发展格局的基础，是推动高质量发展、保障实体经济稳定运行的重要支撑。习近平指出："产业链、供应链在关键时刻不能掉链子，这是大国经济必须具备的重要特征。"① 我国是世界上产业门类最齐全、产业体系最完整、全球唯一制造业全产业链国家，必须切实提升产业链供应链稳定性和安全水平，在关系国计民生和国家经济命脉的重点产业领域形成完整而有韧性的产业链供应链。

第二节　新时代经济安全面临的风险挑战

在立足新发展阶段、贯彻新发展理念、构建新发展格局的过程中，我国着眼发展新质生产力，不断推进发展方式的转变和实现经济的高质量发展。与此同时，随着国际国内形势的深刻变化，维护我国经济安全也面临着一系列复杂严峻的风险挑战。

---

① 习近平：《国家中长期经济社会发展战略若干重大问题》，《求是》2020年第21期，第6页。

一、维护基本经济制度安全面临的风险挑战

(一) 否定我国基本经济制度的错误观点影响不容忽视

当前,国内外敌对势力不断否定我国经济发展的巨大成就与我国基本经济制度之间的必然联系,恶意攻击、诋毁我国基本经济制度特别是所有制制度,认为我国经济快速发展的成就是学习西方资本主义经济制度的结果,鼓吹只有私有制和市场经济才是天生一对,公有制与市场经济无法兼容,并人为制造改革开放前和改革开放后两个历史时期经济发展的对立;恶意抹黑我国国有经济和国有企业,否定其在我国经济中的地位、作用和贡献,鼓吹所谓"资本社会主义""国家资本主义""新官僚资本主义"的错误观点。此外,社会上也存在否定民营经济等非公有制经济重要作用的错误言论。实践充分表明,我国民营经济已经成为推进中国式现代化的生力军,是高质量发展的基础,在推动创业就业、技术创新、增加国家税收以及推动政府职能转变、农村富余劳动力转移、国际市场开拓等方面发挥了重要作用。但一些人无视这些重要作用,炮制对民营经济怀疑甚至否定的错误言论:有的鼓吹"民营经济离场论",说民营经济已经完成使命,要退出历史舞台;有的提出所谓"新公私合营论",把现在的混合所有制改革曲解为新一轮"公私合营"。这些错误言论对民营经济等非公有制经济的发展造成很大困扰。还有人对我国分配制度提出一些错误看法,恶意歪曲和攻击我国收入分配制度以误导舆论和群众。这些错误观点,其本质是把公有制经济和非公有制经济、按劳分配和其他分配方式、社会主义和市场经济制度对立起来,在思想和政治上给我国基本经济制度安全带来不容忽视的威胁。

(二) 公有制经济和非公有制经济共同发展与高质量发展的要求还有差距

当前,公有制经济和非公有制经济共同发展中还存在一些困难和问题,给我国经济安全带来一定风险挑战。一方面,全面推进国有企业改革

的任务还在进行中，国有经济布局还不够优化，国有企业现代企业制度还不完善，国有资产监管体系和国有资本合理流动的机制还不健全，国有企业的治理水平还需要进一步提高，这些都制约了国有经济的进一步高质量发展。另一方面，民营经济在发展中也面临着一系列制约因素，如对民营经济产权和民营企业家权益的保护还不够到位，存在部分制约民营经济发展的政策壁垒，民营经济发展环境还不够优化等。此外，部分企业自身经营比较粗放，资产收益率不高、创新能力不足，同新发展阶段高质量发展的要求不相适应，迫切需要转型升级，实现高质量发展。

（三）不断完善社会主义市场经济体制的任务还很艰巨

改革开放特别是党的十八大以来，我国坚持全面深化改革，充分发挥经济体制改革的推动作用，社会主义市场经济体制不断完善，有力保证了我国经济社会的发展。中国特色社会主义进入新时代，我国社会主要矛盾转化为人民日益增长的美好生活需要和不平衡不充分的发展之间的矛盾，经济已由高速增长阶段转向高质量发展阶段，对完善社会主义市场经济体制提出了更高要求。必须清醒地看到，与这些新形势新要求相比，我国市场体系还不健全、市场发育还不充分，政府和市场的关系没有完全理顺，还存在市场激励不足、要素流动不畅、资源配置效率不高、微观经济活力不强等问题，推动高质量发展仍存在不少体制机制障碍，必须进一步解放思想，坚定不移全面深化改革，不断在经济体制关键性基础性重大改革上突破创新，加快完善社会主义市场经济体制。

二、维护经济主权安全面临的风险挑战

（一）在国际经济格局深刻演变中维护经济主权的风险挑战

冷战结束后，快速崛起的新兴经济体推动国际经济格局和国际力量对比发生深刻变化，使世界经济更加平衡、全球治理更加有效、国际关系更加民主、世界和平的基础更加坚实稳固。然而，当前世界经济增长新旧动

能转换尚未完成，各类风险加快积聚，经济全球化遭遇波折，多边主义受到冲击，单边主义、贸易保护主义相伴而至。新兴经济体面临资金外流、经济结构不合理、政治局势动荡等问题，相互间的竞争和摩擦也可能增多，给世界经济健康发展带来挑战。面对全球性经济问题加剧，我国将在一个更加复杂严峻的国际经济环境中推动自身经济发展。作为世界上最大的发展中国家，我国一直坚持开放发展，致力于推动构建人类命运共同体，推动高质量共建"一带一路"，推动国际经济秩序朝着更加公正合理的方向演变。但是，构建人类命运共同体和共建"一带一路"必然会遇到各种各样的挑战，面临不容忽视的阻力。少数西方国家抱有根深蒂固的意识形态偏见，有的国家甚至抱有敌意，千方百计干扰阻挠，这都给我国在开放发展中维护经济主权安全带来新的风险挑战。

（二）国际金融危机阴影持续存在对维护经济主权的风险挑战

国际金融危机主要有货币危机、信用危机、银行危机、债务危机和股市危机等类型。这些危机可能单独发生，也可能系统性发生。在经济全球化深入发展的今天，金融危机不断外溢，一些国家的货币政策和财政政策调整形成的风险外溢效应，有可能对我国金融安全形成外部冲击，给维护我国经济主权带来挑战。在现行国际金融体系下，少数西方国家主导制定的一些不公正、不合理的规则给我国经济主权完整带来潜在影响。在国际金融活动中，个别西方国家利用国际金融组织向我国施压，要求我国作出主权让步，对我国经济主权产生销蚀效应。必须高度重视可能发生的国际金融动荡及金融危机给我国维护经济主权带来的风险，防范化解各种不利影响。

（三）西方经济霸权主义和霸凌行径对维护经济主权的风险挑战

世界历史一再表明，吹灭别人的灯，并不会让自己更加光明；阻挡别人的路，也不会让自己行得更远。长期以来，少数西方国家奉行经济霸权主义和霸凌行径，这是由垄断资本的逐利性决定的。新的历史条件下，他们仍旧试图依靠经济霸权主义和霸凌行径攫取全世界财富，动辄对别国发起贸易战、科技战，企图控制打压别国经济发展。近些年来，个别西方国家打着各种冠冕堂皇的旗号出台一系列遏制打压我国贸易、科技和产业发展的举措，推行"小院高墙"政策[①]，对我国出口产品不断加征关税，不断加强对华出口管制、投资审查，搞"脱钩断链""围栏筑墙"，并妄想干涉我国经济主权，改变我国经济制度，使我国维护经济主权安全的风险大幅增加。

三、维护经济秩序安全面临的风险挑战

改革开放特别是党的十八大以来，我国社会主义市场经济秩序不断完善，为国民经济持续快速健康发展营造了良好发展环境。但当前，我国市场经济秩序仍存在不少问题。比如，存在制售假冒伪劣商品、侵犯知识产权等违法违规行为；质量安全事件时有发生，产品质量标准体系尚不完善，产品质量整体水平还需进一步提高；地方保护主义、市场分割现象依然严重，商品、服务和要素流动仍存在诸多障碍，交通运输环节堵点较多、物流供应链环节过多过长推高物流成本；数字经济中存在数据封锁、价格歧视、刷单炒信、流量劫持等不正当竞争行为；钻法律政策的空子，偷税、漏税和骗税，骗汇和走私等，非法侵占国家利益和牟取非法经济暴利的行为并未杜绝；商业欺诈、财务失真、违反财经纪律以及腐败等问题时有发生；资本无序扩张及其造成的经济和社会后果隐患无穷。这些问题给国家利益和人民群众利益造成重大损失，威胁着国家经济安全，必须予以高度警惕和有效防范应对。

---

① 所谓"小院高墙"政策，是指美国政府以国家安全为名，划定某些特定技术和研究领域（即"小院"），并采取相应的限制措施（即"高墙"）。对"小院"内的核心技术，政府更严密更大力度地进行封锁。

四、维护经济发展道路安全面临的风险挑战

在全面建设社会主义现代化国家的新征程上，我国经济需要应对的风险挑战、需要防范化解的各种矛盾，比以往更加严峻复杂，维护改革开放的经济发展道路安全的压力也前所未有。

首先，从经济发展道路来看，风险主要来自对改革开放的否定、质疑。细致分析便可发现，每当遇到重要时间节点和敏感偶发事件，否定、质疑改革开放的错误观点往往会喧嚣一时。特别是少数网络媒体往往会出现肯定"文化大革命"、公然否定改革开放的文字和视频，甚至一度成为舆情热点。同时，也有部分别有用心之人任意歪曲事实，忽视改革开放是把马克思主义基本原理同中国具体实际相结合的伟大决策，把中国的改革开放与西方所谓的"普世价值"挂钩、与西方的政治和经济制度相联，妄图否认改革开放的伟大创造。这些否定、质疑改革开放的错误言论对我国经济发展构成了极其严重的风险挑战。

其次，从经济发展的当前阶段来看，进一步推动经济回升向好需要克服一些困难和挑战，主要是有效需求不足、社会预期偏弱、重点领域风险隐患较多，国内大循环不够顺畅，外部环境的复杂性、严峻性、不确定性上升等。具体而言，比如有效需求不足问题。出口是拉动我国经济增长的"三驾马车"之一，但由于受到多种因素的制约，全球需求增长呈现出明显放缓收缩态势，使得出口对我国经济增长的拉动作用减弱，对我国经济发展产生不利影响。又如，重要产业安全问题。从产业的角度来看，产业安全风险与产业发展的整体水平以及在国际国内市场上的地位和竞争力直接相关。目前我国产业安全总体形势良好，但也存在一些不可忽视的问题和风险。我国多个产业大而不强、全而不精的问题依然存在，部分重要产业的核心技术、核心专利、关键设备、基础软件和零部件对外依存度依然较高。此外，一些西方发达国家在贸易保护主义驱动下吸引本国制造业回流，部分发展中国家大力吸引劳动密集型产业和订单转移，我国产业面临

着提升竞争力和避免空心化的双重挑战。综合起来看，我国发展面临的有利条件强于不利因素，经济回升向好、长期向好的基本趋势没有改变。但未来我国经济发展仍然面临不少风险挑战，只有找准新的增长点和驱动力，才能堵住风险，实现稳中求进，以进促稳。

五、维护重点经济领域安全面临的风险挑战

（一）金融安全风险

防范化解金融风险特别是防止发生系统性金融风险，是金融工作的根本性任务。随着互联网技术的发展，资金跨国流动日益频繁，金融创新层出不穷，跨境电子化交易应用频繁，加大了对资金流动的监管监控难度。在这样的形势下，我国金融业发展面临的风险点值得警惕。比如，金融市场开放在推动金融市场发展、促进资本配置效率提升的同时，也给金融风险防范和管控带来了挑战。金融市场开放带来跨境资本流动增加，为金融风险的国际扩散开放通道，金融风险的溢出和反馈效应导致金融市场波动性增大，对金融稳定的政策组合提出更高要求。此外，流动性风险、不良资产风险、债券违约风险、影子银行业务风险、房地产泡沫引发金融风险、政府债务风险、资本市场异常波动风险、保险市场风险、互联网金融风险等，都是在维护金融安全过程中必须解决的问题。

> **知识拓展**
>
> **雷曼兄弟公司破产事件**
>
> 2008年，美国雷曼兄弟公司经营陷入困境，其在全球的债权人共提出涉及1.2万亿美元债权主张，其中仅金融衍生品合约就涉及

6 000个交易对手及90万份交易合约的处置。2008年9月15日公司宣布破产后，各衍生品交易对手面临提前终止合约或延迟终止合约，且须同时处置合约所涉及的担保品的巨大压力，对金融市场造成极大冲击，导致风险在金融体系内加速传染，该公司在全球21个国家和地区的209家子公司也相继申请破产，加剧了危机恶化和蔓延。雷曼兄弟公司破产事件反映出当时的美国金融监管体系对大型复杂金融机构监管不力，缺乏对系统性风险的有效防范。这一事件产生了牵一发而动全身的效应，最终演变为严重的国际金融危机。

（二）粮食安全风险

新中国成立以来，经过几十年艰苦努力，我国以占世界9%的耕地、6%的淡水资源，养育了世界近1/5的人口，从当年4亿多人吃不饱到今天14亿多人吃得好，有力回答了谁来养活中国的问题，在社会主义制度的基础上成功走出一条解决世界上人口最多的国家吃饭问题的道路。但是，我国粮食安全风险仍旧不可忽视。一方面，我国粮食供求紧平衡的格局还没有改变，今后一个时期粮食需求还会持续增加，供求紧平衡将越来越紧，再加上国际形势复杂严峻，要不断绷紧确保粮食安全这根弦。另一方面，我国人多地少的国情没有变，耕地"非粮化""非农化"问题依然突出，守住18亿亩耕地红线的基础尚不稳固。比如，一些地方占用基本农田大搞绿化造林、挖湖造景，一些地方在公路、铁路、河渠两旁占用良田建设几十米甚至几百米宽的绿化带。同时，受水资源、自然灾害、环境等多种因素制约，维护我国粮食安全的根基仍不坚实。此外，餐饮浪费时有发生，全社会节约粮食意识还需提升。

（三）产业链供应链安全风险

随着我国参与经济全球化程度不断加深，我国产业链供应链自主可控能力不断增强、韧性持续提升，产业链供应链也越来越长，这为我国制造业发展、产业体系健全、产业转换升级提供了重要物质保障。同时，当前我国经济发展面临的国际环境和国内条件都在发生深刻而复杂的变化，产业链供应链安全稳定运行仍然存在不少风险隐患，产业基础投入不足，产业链整体上处于中低端，大而不强、宽而不深，产业链供应链前后向关联不够紧密，上下游协同创新能力有待提升；在全球产业链供应链重塑中的竞争力还不强，一些高端产业链对外依存度较高，存在被外方人为断供的风险。因此，要着力打造自主可控、安全可靠的产业链供应链，奠定加快构建新发展格局、推动高质量发展的重要基础。

第三节 新时代维护经济安全的途径和方法

新时代维护经济安全，必须深入贯彻习近平经济思想，聚焦经济建设中心工作和高质量发展首要任务，坚持改革开放的经济发展道路，坚持把保证基本经济制度安全放在首位，维护经济主权安全，巩固经济秩序安全，防范化解重点经济领域安全风险，加快发展新质生产力。

一、坚持和完善社会主义基本经济制度

（一）毫不动摇巩固和发展公有制经济，毫不动摇鼓励、支持、引导非公有制经济发展

维护我国基本经济制度安全，要坚持公有制主体地位不动摇、国有经济主导作用不动摇。这是保证生产力不断发展和广大人民群众共享发展成果的制度保证，也是巩固党的执政地位、坚持我国社会主义制度的重要保证。公有制经济是全体人民的宝贵财富，国有企业是中国特色社会主义的重要物质基础和政治基础，要深化国资国企改革，加快国有经济布局优化

和结构调整,推动国有资本和国有企业做强做优做大,提升企业核心竞争力。维护我国基本经济制度安全,还必须毫不动摇鼓励、支持、引导非公有制经济发展。深入贯彻《中共中央 国务院关于促进民营经济发展壮大的意见》,促进民营经济发展壮大,使其在全面建设社会主义现代化国家新征程中作出积极贡献,在实现中华民族伟大复兴历史进程中肩负起更大使命,承担起更大责任,发挥更大作用。

中共中央 国务院关于促进民营经济发展壮大的意见

(二)坚持按劳分配为主体,多种分配方式并存

按劳分配为主体、多种分配方式并存的分配制度,能够最大限度地实现效率与公平的统一,有效解决我国收入分配领域存在的突出矛盾和问题,从而保障我国基本经济制度安全。要努力提高居民收入在国民收入分配中的比重,提高劳动报酬在初次分配中的比重。要坚持多劳多得,鼓励勤劳致富,促进机会公平,增加低收入者收入,扩大中等收入群体。要完善按要素分配政策制度,探索多种渠道增加中低收入群众要素收入,多渠道增加城乡居民财产性收入。要加大税收、社会保障转移支付等的调节力度。要完善个人所得税制度,规范收入分配秩序,规范财富积累机制,保护合法收入,调节过高收入,取缔非法收入。要引导、支持有意愿有能力的企业、社会组织和个人积极参与公益慈善事业。

(三)加快完善社会主义市场经济体制

有效维护我国基本经济制度安全,必须进一步加快完善社会主义市场经济体制,构建更加系统完备、更加成熟定型的高水平社会主义市场经济体制。具体包括:全面贯彻新发展理念,充分发挥市场在资源配置中的决定性作用,更好发挥政府作用;加快建设高效规范、公平竞争、充分开放的全国统一大市场,建设高标准市场体系和统一的市场制度规则,打通制约经济循环的关键堵点,促进商品要素资源在更大范围内畅通流动;完善要素市场化配置体制和机制,让市场在促进要素有序流动和高效配置上发挥更大的作用;完善产权保护制度,搞好产权激励,加强对财产权的保护；科学编制国家发展规划，科学实施宏观调控，提高政府治理的有效性；不断优化营商环境，按照市场化、法治化和国际化的要求，打造公平、透明、可预期的营商环境，激发各类经营主体的内生动力和创新活力；深化对新的条件下我国各类资本及其作用的认识，依法规范和引导我国资本健康发展，发挥资本作为重要生产要素的积极作用，为以中国式现代化全面推进中华民族伟大复兴贡献力量。

二、在推进高水平对外开放中保证经济主权安全

（一）独立自主制定经济方针政策

经济方针政策是国家为有效管理经济运行、实现经济发展目标制定的指导原则和措施，主要包括经济发展战略、经济发展的指导方针、产业政策、财政货币政策以及收入分配政策等。正确的经济方针政策，可以对经济社会的发展起到巨大推动作用；错误的经济方针政策则会对经济社会的发展产生阻碍作用，甚至带来严重破坏。经济方针政策事关经济发展和政治稳定大局，其制定主体只能是代表一个国家的合法政府，任何别的国家都不能插手。有效维护国家的经济主权安全，必须维护独立自主制定经济方针政策的权力，这样才能有效保证党对经济工作领导的贯彻落实，保证经济方针政策符合中国的国情和最广大人民的根本利益。

（二）主动参与重要国际经济组织

中国始终是推动全球发展的贡献者，这就要求必须十分重视维护参与重要国际经济组织的权利，维护包括代表权、选举权和被选举权、决策权和受益权等在内的组织成员资格权，挫败任何妄图利用国际经济组织破坏中国经济主权、损害中国经济发展的图谋。同时，要充分发挥二十国集团、世界贸易组织、国际货币基金组织、世界银行等全球和区域多边机制的建设性作用，抵制贸易保护主义和单边主义，坚决反对将经贸问题政治化、武器化、泛安全化等经济霸凌行径，维护多边贸易体制，更好建设开

放型世界经济，倡导普惠包容的经济全球化。

（三）有效利用国际市场

经济全球化是不可抗拒的历史潮流，国与国之间分工合作、互利共赢是推动世界经济发展的内在要求。维护中国自由利用国际市场的权利具有重要意义。要统筹考虑国际市场的发展特点和我国经济发展趋势，更加有效利用国际国内两个市场、两种资源，完善对外开放区域布局、对外贸易布局、投资布局，积极开展国际技术合作，发展更高层次、更高水平的开放型经济。随着我国企业在海外投资形成的资产规模迅速扩大、公民出境人数迅速增加，要加强对我国海外金融、石油、矿产、海运等商业利益的保护，保护海外中国公民和法人安全。共建"一带一路"倡议丰富了国际经济合作理念和多边主义内涵，要完善共建"一带一路"安全保障体系，为促进世界经济增长、实现共同发展营造良好的国际环境。

三、在保障经济有效运行中维护经济秩序安全

（一）健全和完善维护经济秩序安全的法律法规

加强维护经济秩序安全的法治建设，首要问题是要做到有法可依，不断完善维护经济秩序安全所需要的法律法规体系。坚持问题导向、急用先立、动态完善的基本原则，突出重点，将着力解决那些对我国经济秩序安全具有重大影响的严重违法违规问题作为完善法律法规的重点。进一步完善惩治金融诈骗、偷税漏税以及侵害知识产权等破坏经济秩序方面的法律法规体系建设；进一步完善产权保护、市场准入、公平竞争、社会信用等与市场发展变化相适应的经营主体、市场管理法律法规体系建设，破除妨碍各种生产要素市场化配置和商品服务流通的体制机制障碍，促进现代流通体系建设，降低全社会流通成本；进一步健全质量法律法规，推动产品安全、产品责任、质量基础设施等领域法律法规建设。

（二）加大打击危害经济秩序安全行为的力度

防范和打击危害经济秩序安全的行为，不但要有法可依，更要做到执法必严。严格按照国家相关法律法规的规定，对生产、销售伪劣商品，妨害企业管理秩序，以及扰乱市场秩序等破坏经济秩序安全的犯罪和违规行为加大打击和惩治力度。要强化执法、司法对经济秩序安全的保障，对涉及人民群众身体健康和生命财产安全、公共安全、生态环境安全的产品以及重点服务领域，依法实施严格监管。加强对平台经济、共享经济等新业态领域不正当竞争行为的规制，整治网络黑灰产业链条，治理新型网络不正当竞争行为。坚决贯彻落实《阻断外国法律与措施不当域外适用办法》，严防外国法律不当域外适用对我国经济的冲击，维护我国及国际经贸秩序的正常运行，捍卫国家经济安全和国家利益。

四、在推动高质量发展中维护经济发展道路安全

（一）毫不动摇坚持和推进社会主义改革开放

改革开放是坚持和发展中国特色社会主义、实现中华民族伟大复兴的必由之路。必须坚决反对各种否定、歪曲改革开放的错误言论，深化理论自觉，坚定道路自信，既不走封闭僵化的老路，也不走改旗易帜的邪路，在中国特色社会主义道路上不断推进改革开放。在新时代的伟大变革中，以习近平同志为核心的党中央弘扬改革开放精神，聚焦完善和发展中国特色社会主义制度、推进国家治理体系和治理能力现代化，不断深化对改革开放的规律性认识，以前所未有的决心和力度突破思想观念的束缚，突破利益固化的藩篱，坚决破除各方面体制机制的弊端，积极应对国外政治经济形势变化和国内社会主要矛盾转化带来的风险挑战，开启新时代气势如虹、气壮山河的改革开放新进程，形成改革开放以来最丰富、最全面、最系统的改革方法论，使改革开放这条道路在攻坚克难中越走越宽广。新时代新征程，推进中国式现代化，必须进一步推动深层次改革和高水平开

放，不断解放和发展社会生产力、解放和增强社会活力，从而不断筑牢维护经济发展安全的道路基础。

（二）贯彻新发展理念，构建新发展格局，推动高质量发展

高质量发展，就是能够很好满足人民日益增长的美好生活需要的发展，是体现新发展理念的发展，是创新成为第一动力、协调成为内生特点、绿色成为普遍形态、开放成为必由之路、共享成为根本目的的发展。推动高质量发展必须完整、准确、全面贯彻创新、协调、绿色、开放、共享的新发展理念，加快构建以国内大循环为主体、国内国际双循环相互促进的新发展格局。发展新质生产力是推动高质量发展的内在要求和重要着力点，必须继续做好创新这篇大文章。要坚持扩大内需这个战略基点，加快培育完整的内需体系，使生产、分配、流通、消费更多依托国内市场。立足国内大循环，发挥比较优势，以国内大循环吸引全球资源要素，建设更高水平开放型经济新体制，实施更大范围、更宽领域、更深层次的对外开放。要推进供给侧结构性改革，以提高供给质量为主攻方向，以深化改革为根本途径，把增加要素投入、进一步扩大有效和中高端供给作为"加法"的落脚点；把减少无效和低端供给作为"减法"的着力点，突破供给约束堵点、卡点、脆弱点，切实提高全要素生产率，不断增强防范、化解风险和维护国家经济安全的发展基础。

> 只有加快构建新发展格局，才能夯实我国经济发展的根基、增强发展的安全性稳定性，才能在各种可以预见和难以预见的狂风暴雨、惊涛骇浪中增强我国的生存力、竞争力、发展力、持续力，确保中华民族伟大复兴进程不被迟滞甚至中断，胜利实现全面建成社会主义现代化强国目标。
>
> ——习近平在二十届中央政治局第二次集体学习时的讲话
>
> （2023年1月31日）

(三)加快建设现代化产业体系

现代化产业体系是现代化国家的物质技术基础,是实现经济现代化的重要标志。加快建设现代化产业体系,要坚持把发展经济的着力点放在实体经济上,推动资源要素向实体经济集聚,推进新型工业化,形成具有可持续竞争力和支撑力的工业体系。制造业是立国之本、强国之基,要推动制造业高端化、智能化、绿色化发展,加快建设制造强国、质量强国。传统制造业是现代化产业体系的根基,要坚持推动传统产业转型升级,巩固和提升我国产业体系完备和配套能力强的独特优势,继续保持优势产业领先地位。要以科技创新推动产业创新,特别是以颠覆性技术和前沿技术催生新产业、新模式、新动能,发展新质生产力。要把握以互联网、大数据、云计算、人工智能等为代表的新科技革命浪潮,高效集聚全球创新要素,推动新一代信息技术、人工智能、生物技术、新能源、新材料、高端装备、绿色环保等战略性新兴产业融合集群发展,推进产业智能化、绿色化、融合化,建设自主可控、安全可靠、竞争力强的现代化产业体系。

(四)创新和完善宏观调控

宏观调控是政府通过行政手段与经济手段,对经济运行状态和经济关系进行干预和调整,以维护经济结构和重大经济关系平衡,推动经济持续、快速、协调、健康发展的活动和过程。为有效应对外部冲击、维护国家经济安全,应注重发挥宏观调控的基础性作用,对经济运行趋势进行科学预判,做好逆周期调节工作,使财政政策的实施更加精准有效,由总量调节的"大水漫灌"转向结构调节的"精准滴灌";发挥好货币政策工具的总量和结构双重功能,盘活存量、提升效能,引导金融机构加大对科技创新、绿色转型、普惠小微、数字经济等方面的支持力度,为维护经济安全提供宏观政策保障。

五、着力防范化解重点经济领域安全风险

（一）维护金融安全

2023年召开的中央金融工作会议提出了加快建设金融强国的宏伟目标。金融强国应当基于强大的经济基础，具有领先世界的经济实力、科技实力和综合国力，同时具备强大的货币、中央银行、金融机构、国际金融中心、金融监管、金融人才队伍等一系列关键核心金融要素。要坚持党中央对金融工作的集中统一领导，坚持以人民为中心的价值取向，坚持把金融服务实体经济作为根本宗旨，坚持把防控风险作为金融工作的永恒主题，坚持在市场化法治化轨道上推进金融创新发展，坚持深化金融供给侧结构性改革，坚持统筹金融开放和安全，坚持稳中求进工作总基调。要着力防范化解金融风险特别是系统性风险，通过扩大对外开放，提高我国金融资源配置效率和能力，增强国际竞争力和规则影响力，稳慎把握好节奏和力度，守住开放条件下的金融安全底线。要深化对金融工作本质规律和发展道路的认识，全面增强金融工作本领和风险应对能力，坚定不移走中国特色金融发展之路。

（二）维护粮食安全

习近平指出："越是面对风险挑战，越要稳住农业，越要确保粮食和重要副食品安全。"[①] 维护粮食安全，要贯彻确保谷物基本自给、口粮绝对安全的新粮食安全观，坚持以我为主、立足国内、确保产能、适度进口、科技支撑，使我国的粮食产能与国家经济社会发展相同步，与人民需求相协调。全方位夯实粮食安全根基，抓紧抓好粮食和重要农产品稳产保供，提升粮食产能。耕地是粮食生产的命根子，要严守18亿亩耕地红线，坚决遏制"非农化"、有效防止"非粮化"。要树立节约减损就是增产的理念，持续深化食物节约各项行动，让节约粮食在全社会蔚然成风。要落实

---

① 习近平：《论"三农"工作》，中央文献出版社2022年版，第298页。

藏粮于地、藏粮于技战略，在巩固中创新农业生产基本制度，加快粮食生产科技创新，向科技要产量、要效益，向创新要竞争力，加快实施农业生物育种重大科技项目，早日实现重要农产品的种业科技自立自强、种源自主可控，不断在更高水平上维护和塑造我国粮食安全。同时，解决吃饭问题不能光盯着有限的耕地，还要树立大食物观。我国幅员辽阔、陆海兼备，在耕地之外，还有40多亿亩林地、近40亿亩草地和大量的江河湖海等资源。要在大食物观视域中高质量发展肉、蛋、禽、奶、鱼、果、菌、茶等，构建多元化食物供给体系，在牢牢把握粮食安全主动权基础上不断塑造粮食安全。

（三）维护产业链供应链安全

要围绕发展新质生产力布局产业链，着力提升产业链供应链韧性和安全水平。巩固提升优势产业的国际领先地位，持续增强高铁、电力装备、新能源、通信设备等领域的全产业链优势，增强我国在全球产业链供应链中的影响力和竞争力，拉紧国际产业链对我国的依存关系，形成对外方人为断供的有力反制。加快补齐产业链供应链短板，加强应用牵引、整机带动，突破核心基础零部件和元器件、先进基础工艺、关键基础材料、产业技术基础等领域短板。提高企业的根植性，在构建新发展格局中要不断促进产业在国内有序转移，"即使向外转移也要想方设法把产业链关键环节留在国内"①，努力解决基础研究、成果转化、市场应用有机衔接问题。继续推进经济全球化，坚定维护多边贸易体制，推动形成维护全球产业链供应链安全、消除非经济因素干扰的国际共识和准则，坚决反对把产业链供应链政治化、武器化、泛安全化，维护全球产业链供应链安全畅通运转。

---

① 《习近平著作选读》第二卷，人民出版社2023年版，第373页。

思考题

1. 为什么说基本经济制度安全是经济安全的重要内容?
2. 在世界进入新的动荡变革期的背景下,维护我国经济主权安全主要面临哪些风险挑战?
3. 为什么推进中国式现代化不能走老路、邪路,而要坚定走好改革开放这条必由之路?
4. 在新时代新征程上为什么要加快建设现代化产业体系?

第七章　坚持以军事、科技、文化、社会安全为保障

坚持以军事、科技、文化、社会安全为保障，是总体国家安全观的重要理论内容和实践要求。在国家安全体系中，军事安全始终是维护国家安全的保底手段，科技安全是塑造中国特色国家安全的物质技术保障，文化安全是建设社会主义文化强国的前提和基础，社会安全与人民群众切身利益关系最密切，是人民群众安全感的晴雨表和社会安定的风向标。

第一节　坚持以军事、科技、文化、社会安全为保障的科学内涵

在新的安全形势下，国家安全保障能力越来越表现为有效应对现实安全威胁和潜在安全风险的系统能力。当前影响国家安全的因素增多，各类风险挑战内外联动、累积叠加，加强国家安全保障能力建设需要从军事、科技、文化、社会等多个方面协调推进，一体建设。

一、坚持以军事安全为保障的科学内涵

（一）坚持党对人民军队的绝对领导，永葆人民军队性质、宗旨、本色

国家大柄，莫重于兵。坚持党对人民军队的绝对领导，永葆人民军队性质、宗旨、本色，是维护我国军事安全的根本所在。党的绝对领导是人民军队始终保持强大的凝聚力、向心力、创造力、战斗力的根本保证。坚

持党对人民军队的绝对领导,根本要求就是坚决维护和贯彻军委主席负责制。宪法和党章规定,中央军事委员会实行主席负责制,即由中央军委主席负责中央军委全面工作,领导指挥全国武装力量,决定国防和军队建设一切重大问题。军委主席负责制,是坚持党对人民军队绝对领导的根本制度,是中国特色社会主义政治制度和军事制度的重要组成部分,关系我军最高领导权和指挥权。军委主席负责制在党对人民军队绝对领导一整套制度中,处于最高层次,居于核心和统领地位,具有牵一发而动全身的决定性作用。坚定不移听党话、跟党走,确保枪杆子永远听党指挥。

> 党对军队的绝对领导是中国特色社会主义的本质特征,是党和国家的重要政治优势,是人民军队的建军之本、强军之魂。无论时代如何发展、形势如何变化,我们这支军队永远是党的军队、人民的军队。
>
> ——习近平在庆祝中国人民解放军建军九十周年大会上的讲话(2017年8月1日)

(二)能战方能止战,全面提高新时代备战打仗能力

强国必须强军,军强才能国安。维护国家安全,军事力量是保底手段,是硬核支撑。军事实力搞上去了,就能更好发挥军事力量塑造态势、管控危机、遏制战争、打赢战争的战略功能。人民军队为巩固中国共产党领导和我国社会主义制度,捍卫国家主权、统一、领土完整,维护我国海外利益,促进世界和平与发展提供了有效的战略支撑。习近平指出:"能战方能止战,准备打才可能不必打,越不能打越可能挨打,这就是战争与和平的辩证法。"[①] 人民军队的生命力在于战斗力,要把备战打仗作为主责主业,坚持战斗力这个唯一的根本的标准,聚焦提高备战打仗能力。要深

---

① 《习近平著作选读》第一卷,人民出版社2023年版,第93页。

化国防和军队改革，建设强大的现代化陆军、海军、空军、火箭军和战略支援部队，打造中国特色现代联合作战体系。

（三）坚持走中国特色强军之路，奋力推进国防和军队现代化建设

坚持走中国特色强军之路，要全面推进政治建军、改革强军、科技强军、人才强军、依法治军。政治建军是立军之本，改革强军是必由之路，科技强军是核心驱动，人才强军是坚强保障，依法治军是强军之基。以新质战斗力为牵引，全面推进军事理论、军队组织形态、军事人员、武器装备现代化，加快机械化、信息化、智能化融合发展。要更加注重聚焦实战、创新驱动、体系建设、集约高效、军民融合，实现国防和军队建设更高质量、更高效益、更可持续的发展。要深入贯彻新时代军事战略方针，全面加强练兵备战，如期实现建军一百年奋斗目标，开创国防和军队现代化新局面，到2035年基本实现国防和军队现代化，到本世纪中叶把人民军队建设成为世界一流军队。

新时代国防和军队建设成就综述

（四）坚持富国和强军相统一，构建一体化的国家战略体系和能力

坚持富国和强军相统一，推动新质生产力同新质战斗力高效融合、双向拉动，建设同我国国际地位相称、同国家安全和发展利益相适应的巩固国防和强大军队，是我国社会主义现代化建设的战略任务。军事实力是国家战略能力的重要组成部分。加强军事力量建设，可对经济社会发展和科技创新产生溢出效应和拉动效应，有利于增强国家战略能力。军民融合发展是我国长期探索经济建设和国防建设协调发展规律的重大成果，是从国家发展和安全全局出发，应对复杂安全威胁、赢得国家战略优势而实施的国家战略。要发挥好军民融合对国防建设和经济社会发展的双向支撑拉动作用，实现经济建设和国防建设综合效益最大化，加快形成全要素、多领域、高效益的军民融合深度发展格局。要完善国防动员体系，增强全民国防观念，大力弘扬军爱民、民拥军的光荣传统，巩固发展坚如磐石的军政军民关系，汇聚起强国兴军的磅礴力量。

二、坚持以科技安全为保障的科学内涵

（一）实现高水平科技自立自强

科技立则民族立，科技强则民族强。加快实现高水平科技自立自强，是中国式现代化的关键，是推动高质量发展的必由之路。习近平指出："科技创新成为国际战略博弈的主要战场，围绕科技制高点的竞争空前激烈。我们必须保持强烈的忧患意识，做好充分的思想准备和工作准备。"[①]实现高水平科技自立自强，就是要让创新成为全面建设社会主义现代化国家的第一动力，加快形成以创新为中心的发展新模式，加快发展新质生产力，不断提升我国发展的独立性、自主性和安全性。当今世界，新一轮科技革命和产业变革突飞猛进，科学技术已成为第一生产力、第一竞争力，成为国际格局重构的关键变量和国际战略博弈的主要战场。谁牵住了科技创新这个"牛鼻子"，谁走好了科技创新这步"先手棋"，谁能够实现高水平科技自立自强，谁就能占领先机、赢得优势。科技创新是科技安全的重要保障。只有把核心技术牢牢掌握在自己手中，才能真正掌握竞争和发展的主动权，增强发展的安全性，从根本上保障国家科技安全、经济安全、国防安全和其他领域的安全。

（二）加强基础研究

基础研究是科技创新的总源头和所有技术问题的总机关。一个国家的基础研究水平和能力越强，维护和塑造科技安全的能力往往就越强。要把握科技发展大趋势和国家战略大需求，强化国家战略科技力量，有组织推进战略导向的体系化基础研究、前沿导向的探索性基础研究、市场导向的应用性基础研究。要注重发挥国家实验室引领作用、国家科研机构建制化组织作用、高水平研究型大学主力军作用和科技领军企业作用，创新加强基础科学研究的体制机制。要优化基础学科建设布局，支持重点学科、新

[①] 习近平：《论科技自立自强》，中央文献出版社2023年版，第5页。

兴学科、冷门学科和薄弱学科发展，推动学科交叉融合和跨学科研究，构建全面均衡发展的高质量学科体系。基础研究的不断加强将为在更高水平上维护和塑造我国科技安全提供不竭动力。

（三）建强科技人才队伍

建设科技强国，不断维护和塑造我国科技安全，归根到底要靠高水平科技创新人才。2023年7月，习近平在江苏考察某科技企业时，面对朝气蓬勃的员工指出："国家要实现科技自立自强，你们生逢其时，正是大显身手的时候，一定要把握历史机遇。将来，你们一定会为自己对民族复兴所作的贡献而自豪！"要大力培养使用战略科学家，打造大批一流科技领军人才和创新团队，造就规模宏大的青年科技人才队伍，积极引进海外优秀人才，激发各类人才创新活力和潜力。要大力弘扬以爱国主义为底色的科学家精神，极大调动广大科技人员的创造精神和民族自豪感，激励他们争当高水平科技自立自强的推动者和实践者，使谋划创新、推动创新、落实创新成为自觉行动，把中国式现代化的美好图景一步步变为现实。要深入开展科学普及活动，使科学普及在实现创新发展中发挥重要基础作用，源源不断地造就规模宏大的基础研究后备力量。

三、坚持以文化安全为保障的科学内涵

（一）不断推进文化自信自强

在习近平文化思想指导下，推进文化自信自强，铸就社会主义文化新辉煌，彰显了中国共产党鲜明的文化立场。文化自信是更基础、更广泛、更深厚的自信，是一个国家、一个民族发展中最基本、最深沉、最持久的力量。中国特色社会主义文化自信，源于中华文明突出的连续性、创新性、统一性、包容性、和平性，源于马克思主义与中华优秀传统文化的高度契合和彼此成就，源于中国共产党的强烈文化主体性。坚定文化自信，从根本上来说是为了实现文化自强，建设社会主义文化强国。只有推进文

化自信自强,才能获得坚守正道的定力、砥砺前行的动力、变革创新的活力。铸就社会主义文化新辉煌是国家文化安全新的发展目标,是文化安全的重要导向。新时代新征程,要更加自觉地推进文化自信自强,坚持以习近平文化思想为指导,坚持马克思主义在意识形态领域的指导地位,守护好中华优秀传统文化的根脉,繁荣发展文学艺术,加快推进构建中国特色哲学社会科学体系,更加自觉地担负起新的文化使命,在全面推进中国式现代化进程中构筑中华民族现代文明。中华民族现代文明是在中国式现代化基础上的新的文明创造,是中国式现代化所具有的"人口规模巨大的现代化""全体人民共同富裕的现代化""物质文明和精神文明相协调的现代化""人与自然和谐共生的现代化""走和平发展道路的现代化"这些基本特征的文化反映和文化形态,既具有人类文明的共性特点,又具有中华文明的鲜明特色,是正在走向伟大复兴的中华民族的文化自信之源、文化自强之基。

(二)广泛践行社会主义核心价值观

社会主义核心价值观是凝聚人心、汇聚民力的强大力量。历史和现实都表明,核心价值观是一个国家的重要稳定器,能否构建具有强大感召力的核心价值观,关系社会和谐稳定,关乎国家长治久安。当前,世界范围内思想文化相互激荡,不同文明的交流交融交锋更加频繁,同时,社会上的思想观念也在不断发生着深刻变化,这使得建设什么样的国家、建设什么样的社会、培育什么样的公民这一重大问题更具时代使命感和现实紧迫感。社会主义核心价值观的确立和践行,能够不断整合社会思想文化和价值观念,不断扩大主流价值观念的影响力,牢牢掌握价值观念领域的主动权、主导权和话语权。广泛践行社会主义核心价值观,用社会主义核心价值观铸魂育人,对于筑牢社会主义意识形态安全的群众基础至关重要。

(三)传承发展中华优秀传统文化

博大精深的中华优秀传统文化是我们在世界文化激荡中站稳脚跟的根基。习近平指出:"如果没有中华五千年文明,哪里有什么中国特色?如果不是中国特色，哪有我们今天这么成功的中国特色社会主义道路？"①中华优秀传统文化源远流长，是中华文明的智慧结晶，其中蕴含的天下为公、民为邦本、为政以德、革故鼎新、任人唯贤、天人合一、自强不息、厚德载物、讲信修睦、亲仁善邻等，是中国人民在长期生产生活中积累的宇宙观、天下观、社会观、道德观的重要体现，同科学社会主义价值观主张具有高度契合性。中华民族5 000多年文明历史所孕育的中华优秀传统文化，积淀着中华民族最深层的精神追求，代表着中华民族独特的精神标识，铸就了中华民族持久而强大的凝聚力向心力，滋养着当代中国的发展进步和中华民族伟大复兴，是必须坚守的精神家园，也是推进文化自信自强的思想基石。必须坚持马克思主义这个立党立国、兴党兴国之本不动摇，坚持植根本国、本民族历史文化沃土发展马克思主义不停步，坚定历史自信、文化自信，坚持古为今用、推陈出新，以马克思主义为指导对中华5 000多年文明宝库进行全面挖掘，用马克思主义激活中华优秀传统文化中富有生命力的优秀因子并赋予新的时代内涵，将中华民族的伟大精神和丰富智慧更深层次地注入马克思主义，有效把马克思主义思想精髓同中华优秀传统文化精华贯通起来，聚变为新的理论优势，不断攀登新的思想高峰。

（四）繁荣发展新时代中国特色哲学社会科学

哲学社会科学是人们认识世界、改造世界的重要工具，是推动历史发展和社会进步的重要力量。人类文明每一次重大发展，都离不开哲学社会科学的知识变革和思想先导。推动哲学社会科学繁荣发展是中国共产党领导革命、建设、改革的重要经验。中国特色社会主义进入新时代，面对当代中国的实践创新、理论创新、制度创新、道路创新，迫切需要加快构建中国特色哲学社会科学体系，对新时代中国特色社会主义的新实践进行学理化阐释、学术化表达、规律性总结和体系化构建，在推动"改造世界"

---

① 《习近平谈治国理政》第四卷，外文出版社2022年版，第315页。

和"解释世界"不断相统一中增强我国文化软实力,提高"学术中国"对世界文化的影响力,以强大的哲学社会科学力量推动文化强国建设。

四、坚持以社会安全为保障的科学内涵

(一)完善社会治理体系是社会安全的基础性工作

把完善社会治理体系纳入国家安全体系和能力现代化之中,不断完善社会治理体系,健全共建共治共享的社会治理制度,提升社会治理效能,这是新时代中国共产党社会建设理论的重大创新。中国共产党着眼于国家长治久安、人民安居乐业和建设更高水平的平安中国,通过不断完善社会治理体系推动社会治理现代化取得重大成就,领导实现了社会治理方式的历史性转变,创造了并不断续写着经济快速发展、社会长期稳定的"两大奇迹"。在党的领导下,许多地方积极动员和组织群众参加社会治理,创造了丰富多样的社会治理经验,形成了特色鲜明的社会治理方式,有效防范化解了许多基层社会矛盾,为维护社会安全提供了良好基础。

(二)防范化解社会治安风险是社会治理的重点任务

社会治安风险直接关涉群众生产生活。防范化解社会治安风险是社会治理的重点任务,主要包括加强重点地区和重点场所防控,加强重点行业重点物品监管,加强突出违法犯罪打击治理,常态化扫黑除恶。必须坚持底线思维,增强忧患意识,提高风险洞察、防控、化解、治本、转化能力,确保风险不外溢、不扩散、不升级,依法严惩群众反映强烈的突出违法犯罪活动,有力保护人民群众生命财产安全,织密织牢社会治安防控网。

(三)提高公共安全治理水平是社会安全的重要保障

提高公共安全治理水平是维护社会安全的重要内容。要把维护公共安全放在维护最广大人民根本利益中来认识,放在贯彻落实总体国家安全观中来思考,放在推进国家治理体系和治理能力现代化中来把握,努力为人

民安居乐业、社会安定有序、国家长治久安编织全方位、立体化的公共安全网。要把提高公共安全治理水平作为保障社会安全的战略方向，以食品、药品、安全生产、重大传染病、自然灾害等重点公共安全领域为主，不断健全公共安全治理体系，增强公共安全保障能力，以高水平的公共安全治理促进高水平的社会安全。

第二节　新时代军事、科技、文化、社会安全面临的风险挑战

在新时代新征程上，我国国家安全内涵和外延不断丰富，时空领域更加宽广，必须把防范军事安全、科技安全、文化安全、社会安全领域的风险挑战置于突出战略地位，力争在这些领域不出现重大风险或在出现重大风险时扛得住、过得去。

一、维护军事安全面临的风险挑战

（一）台海局势面临新一轮紧张，维护国家主权、统一和领土完整的任务更加艰巨

随着世界进入新的动荡变革期，我国台海局势出现了一系列新的特征。"台独"势力顽固坚持分裂祖国的立场，深度勾连外部势力，不断进行谋"独"挑衅，导致两岸关系出现新的紧张，严重威胁祖国和平统一大业。个别西方国家从迟滞中华民族伟大复兴和中国式现代化的目的出发，继续奉行"以台制华"，加强对台军售，加深政治军事勾连，不断炮制损害中国主权的涉台法案议案，不时派政要窜访台湾，纵容鼓动"台独"势力滋事挑衅，严重危害台海和平稳定，危及我国国家安全。

（二）国际战略格局深度演变，世界和周边地区局部战争和潜在战争风险不断

当今世界，和平与发展依然是时代潮流，但很不太平。一些地区局部冲突不断，各种安全挑战层出不穷，世界主要力量战略加速调整，国际战略格局深度演变。一些国家之间的领土和海洋权益争端、民族宗教矛盾等问题仍然存在，地区安全热点问题时起时伏。少数西方国家惯于打着民主、自由、人权的幌子，发动"颜色革命"，干涉别国内政，挑唆地区争端，挑动对立对抗，甚至直接发动战争。个别西方国家将中国视为最主要的战略竞争对手，在我国周边四处煽风点火，加大对我国的战略包围、战略防范和战略牵制，严重损害我国主权和安全利益。这种恃强凌弱、巧取豪夺、零和博弈的霸权霸道霸凌行径危害深重，背离和平、发展、合作、共赢的历史潮流，加大了我国军事安全领域的风险。

（三）世界新军事革命深入发展，现代战争形态深刻变化带来新挑战

世界新军事革命的深入发展正在重塑着战争的形态，科技从来没有像今天这样深刻影响国家安全和军事战略竞争格局。当前，世界主要国家纷纷调整安全战略、军事战略，调整军队组织形态，发展新型作战力量，抢占军事竞争战略制高点，谋求军事优势地位的国际竞争加剧。在这场世界新军事革命的大潮中，谁思想保守、故步自封，谁就会错失宝贵机遇，陷于战略被动。习近平指出："我们必须到中流击水。军事上的落后一旦形成，对国家安全的影响将是致命的。我经常看中国近代的一些史料，一看到落后挨打的悲惨情景就痛彻肺腑！"[①] 新时代中国特色军事变革取得重大进展，已经基本实现机械化，信息化建设取得重大进展但尚未完成，智能化水平亟待提高，军事安全面临技术突袭和技术代差被拉大的风险，需要在适应现代战争形态的深刻变化中，不断壮大新型作战力量。

---

① 中共中央党史和文献研究院编：《习近平关于总体国家安全观论述摘编》，中央文献出版社2018年版，第54页。

二、维护科技安全面临的风险挑战

（一）世界新一轮科技革命对我国未来生存发展带来挑战

当前，新一轮科技革命和产业变革深入发展，学科交叉融合不断推进，科学研究范式发生深刻变革，科学技术和经济社会发展加速渗透融合，基础研究转化周期明显缩短，国际科技竞争向基础前沿前移。应对国际科技竞争、实现高水平科技自立自强，推动构建新发展格局、实现高质量发展，迫切需要我国加强基础研究，从源头和底层解决关键技术问题。党的十八大以来，我国科技事业实现历史性、整体性、格局性重大变化，国家创新能力世界综合排名不断上升，科技实力不断跃上新的大台阶。但是，与世界先进国家相比，我国科技发展水平目前仍处于跟跑、并跑、领跑"三跑"并存的局面。面对新一轮科技革命背景下空前激烈的世界科技竞争，我国在工业母机、高端芯片、基础软硬件、开发平台、基本算法、基础元器件、基础材料等方面的科技短板仍然突出，抢占未来科技发展先机的原始创新能力仍然不足，对事关长远和战略全局的科技领域部署仍然不够，制约着高水平科技自立自强和高质量发展的实现。

（二）外部打压遏制风险增加

拥有关键核心技术是实现高水平科技自立自强的基础。在打好关键核心技术攻坚战的过程中，少数西方国家将科技问题政治化、武器化、意识形态化，特别是在高科技领域对我国大搞垄断打压、技术封锁，严控出口集成电路、高性能计算机、生物技术、人工智能等高端技术，并炮制各种借口围堵打压具有国际竞争力的我国高科技企业，试图在关键核心技术方面实现对我国的"卡脖子"，使我国在科技领域面临的外部打压遏制风险不断增加。从本质上看，科技创新是生产力发展的要求，也是生产方式变革的动力。在世界已经进入大科学时代的背景下，科技创新意味着先进的生产力要素不断突破地域、组织、技术的界限，在全球范围内进行资源配置和要素聚集。少数西方国家对我国科技创新的打压遏制背离了现代科学技术发展的基本规律，阻碍了世界科技进步，最终会对人类进步事业带来深刻伤害。

（三）科技人才结构短板带来潜在风险

当今世界的竞争说到底是人才的竞争、教育的竞争，世界强国无一不是教育强国。我国在基础研究和前沿技术领域逐渐涌现出一批杰出的科技人才，有效带动了载人航天、量子通信、人工智能、北斗导航等技术的发展。但是，与建设世界科技强国要求相比，我国的科技人才队伍结构性矛盾比较突出，短板仍然存在，特别是面临着重大科研项目、重大工程、重点学科等领域领军人才不足，人工智能、半导体行业、高端制造业技能人才缺口较大，基础学科拔尖创新人才和国家战略人才培养比较薄弱等问题。长期来看，这将给维护和塑造我国科技安全带来潜在风险。

三、维护文化安全面临的风险挑战

（一）宣传思想文化领域面临空前复杂的情况

从国内看，错误思潮和观点仍不时出现，借口现实中存在的问题攻击党的领导和社会主义制度、否定中国特色社会主义道路的情况有之；极力歪曲、丑化、否定我们党、国家、军队和我国革命、建设、改革的伟大实践，大肆宣扬西方价值观的情况有之。从国际上看，世界范围内意识形态斗争更加尖锐复杂，各种敌对势力一刻也没有停止对我国进行意识形态渗透和攻击，妄图颠覆中国共产党的领导和我国的社会主义制度；少数西方国家通过互联网攻击马克思主义，否定社会主义，宣扬所谓"普世价值""宪政""三权鼎立""司法独立"等错误观点，千方百计利用一些热点难点问题进行炒作，其目的在于要同我们争夺阵地、争夺人心、争夺群众，煽动群众与党和政府的对立。与此同时，社会主义核心价值观面临其他价值观念的挑战。拜金主义、享乐主义、极端个人主义和历史虚无主义等错误思潮不时出现；歪曲否定我国改革开放的错误言论时时泛起；大量不良信息充斥网络，一些未成年人沉迷网络；一些领导干部政治立场模糊、缺乏斗争精神，严重影响人们思想和社会舆论环境；道德失范、自私自利、唯利是图、低俗庸俗媚俗等现象也时时突破社会公序良俗的底线。

> 有人说，新闻报道只是一种信息发布和信息传播，有什么就报道什么，无所谓导向问题。这种看法是不对的。"文者，贯道之器也。"任何新闻报道，都有导向，报什么、不报什么、怎么报都包含着立场、观点、态度。新闻报道既要报道国内外新闻事件，更要传达正确的立场、观点、态度，引导人们分清对错、好坏、善恶、美丑，激发人们向上向善的精神力量。
>
> ——习近平在党的新闻舆论工作座谈会上的讲话
>
> （2016年2月19日）

（二）传承弘扬中华优秀传统文化面临挑战

中华优秀传统文化记载着中华民族在长期历史奋斗中的创造性实践，传承着中国人民共有的精神追求和价值追求，反映着中国人民的处世之道、价值导向、精神气质和生存理念。中华优秀传统文化延续着我们国家和民族的精神根脉，这个精神根脉不能丢也不能断。国内外一些别有用心的人歪曲历史，否定传统文化的历史作用和现实意义，把传统文化说得一无是处，否定科学对待传统文化、正确传承和弘扬优秀传统文化的重要性和必要性，在对待中国传统文化问题上存在妄自菲薄、故步自封、"去中国化"倾向，在社会上产生了消极影响；同时，脱离马克思主义立场观点方法，割裂马克思主义魂脉和中华优秀传统文化根脉的内在关系，也影响着人们对中华优秀传统文化的正确认识。历史和现实都表明，一个抛弃了或者背叛了自己历史文化的民族，不仅不可能发展起来，而且很可能上演一幕幕历史悲剧。

（三）坚持文艺发展的正确方向和构建中国特色哲学社会科学体系是一项艰巨任务

文艺是时代前进的号角，最能代表一个时代的风貌，最能引领一个时代的风气。改革开放以来，广大文艺工作者紧跟时代步伐，为传播当代中国价值观念、体现中华文化精神、反映中国人审美追求发挥了不可替代的重要作用。但不可否认，在文艺创作方面，还存在着有"高原"缺"高峰"等现象，存在着抄袭模仿、千篇一律的问题，存在着机械化生产、快餐式消费的问题。在有些作品中，有的调侃崇高、扭曲经典、颠覆历史，丑化人民群众和英雄人物；有的是非不分、善恶不辨、以丑为美，过度渲染社会阴暗面；等等。市场经济的快速发展为文艺繁荣创造了条件，但是文艺也可能在市场经济大潮中迷失方向，在"为什么人的问题"上发生偏差。必须坚持文艺发展的正确方向，警惕不良文艺作品的思想影响，使文艺能发时代之先声、开社会之先风、启智慧之先河，成为时代变迁和社会变革的先导。

哲学社会科学是推动历史发展和社会进步的重要力量，其发展水平反映了一个民族的思维能力、精神品格、文明素质，体现了一个国家的综合国力和国际竞争力。立足新时代，构建中国特色哲学社会科学体系，对维护我国文化安全具有重大战略意义。面对新形势新要求，我国哲学社会科学领域还存在一些亟待解决的问题，主要是哲学社会科学发展战略还不十分明确，学科体系、学术体系、话语体系建设水平总体不高，学术原创能力还不强；哲学社会科学训练培养教育体系不健全，学术评价体系不够科学，管理体制和运行机制还不完善；人才队伍总体素质亟待提高等。此外，一些学科设置同社会发展联系不够紧密，学科体系不够健全，新兴学科、交叉学科建设比较薄弱；哲学社会科学在国际上的声音还比较小，还处于有理说不出、说了传不开的境地。总的来看，我国哲学社会科学在社会主义文化建设中的作用还没有充分发挥出来。

四、维护社会安全面临的风险挑战

（一）社会治安领域突出问题影响公众安全感

近些年来，全国社会治安形势持续好转，暴力犯罪案件数量不断下降，人民群众安全感稳步提升，但仍存在不少突出问题，非法集资、信息泄露、网络诈骗等案件相当猖獗，高新技术犯罪、网络犯罪增多，以报复社会、制造影响为目的的个人极端暴力案件时有发生。违法犯罪手段也日趋信息化、动态化、智能化，这些都对社会治安领域的工作提出挑战。

（二）维护各领域公共安全任务繁重

我国是世界上自然灾害风险最为严重的国家之一，随着全球气候变化，我国自然灾害风险明显加大，防灾减灾任务繁重；随着生产规模持续扩大、新兴行业不断增加，城市化进程不断推进，安全生产风险分布广泛、总量巨大，安全监管压力突出；公共卫生安全、食品药品与生物安全、社会治安与个人信息安全等领域风险挑战加大。同时，全球化、信息化、网络化助推各类风险相互交织、叠加、连锁、放大，突发事件的隐蔽性、异常性与复杂性升高，安全风险防控难度增加。

知识拓展

内蒙古阿拉善新井煤业有限公司露天煤矿"2·22"特别重大坍塌事故

2023年2月22日，内蒙古阿拉善新井煤业有限公司露天煤矿发生特别重大坍塌事故，造成53人死亡、6人受伤，直接经济损失20 430余万元。事故发生后，习近平立即作出重要指示，要求千方百计搜救失联人员，全力救治受伤人员，妥善做好安抚善后等工作。要科学组织施救，加强监测预警，防止发生次生灾害。要尽快查明事故原因，严肃追究责任，并举一反三，杜绝管理漏洞。强调各地区和有关部门要以时时放心不下的责任感，全面排查各类安全隐患，强化防范措施，狠抓工作落实，更好统筹发展和安全，切实维护人民群众生命财产安全和社会大局稳定。

经事故调查组查明，事故直接原因是未按初步设计施工，随意合并台阶，形成超高超陡边坡，在采场底部连续高强度剥离采煤，致使边坡稳定性持续降低，处于失稳状态，边帮岩体沿断层面和节理面滑落坍塌，加之应急处置不力，未能及时组织现场作业人员逃生，造成重大人员伤亡和财产损失。事故调查组认定，该事故是一起企业在井工转露天技改期间边建设边生产，违法包给不具备矿山建设资质的施工单位长期冒险蛮干，相关部门监管执法"宽松软虚"，地方党委政府失管失察，致使重大风险隐患长期存在而导致的生产安全责任事故。

（三）基层社会治理体系亟待完善

基层强则国家强，基层安则天下安。基层是社会治理的最前沿，是"中国之治"的根基。伴随着数字化、网络化、智能化的深入发展，传统基层社会治理体系面临一系列新情况新问题，基层治理对象更加多变，更具复杂性和不确定性；治理主体更加多元，利益诉求更加复杂，利益格局更加分化，对治理过程中的技术适应性与数字治理能力要求更高。同时，基层治理体系不健全、基层职能定位不清的现象仍然突出，基层组织建设、基层民主制度体系和工作体系亟待加强和完善。

第三节　新时代维护军事、科技、文化、社会安全的途径和方法

新时代维护军事、科技、文化、社会安全，必须把认识和行动统一到党中央关于建设世界一流军队、科技强国、文化强国以及建设社会治理共同体的重大决策部署上来。只有确保军事、科技、文化、社会领域的安全，才能充分发挥军事、科技、文化、社会安全对国家安全的保障作用。

一、维护军事安全的途径和方法

（一）全面加强人民军队党的建设，确保枪杆子永远听党指挥

要深入贯彻习近平强军思想，贯彻新时代军事战略方针，坚持党对人民军队的绝对领导，确保党始终从思想上、政治上、组织上牢牢掌握部队，确保枪杆子永远听党指挥。习近平强军思想深刻回答了建设一支什么样的强大人民军队、怎样建设强大人民军队的一系列重大问题，开辟了当代中国马克思主义军事理论新境界，为把人民军队建设成为世界一流军队提供了科学指南和行动纲领。必须牢固确立习近平强军思想的指导地位，把贯彻军委主席负责制作为最高政治要求来遵循、最高政治纪律来严守，推动军委主席负责制贯彻到国防和军队建设各方面和全过程。必须靠坚强的组织体系来实现党对人民军队的绝对领导，增强各级党组织的领导力、组织力、执行力。

（二）全面加强练兵备战，提高人民军队打赢能力

打赢能力是维护国家安全的战略能力。必须强化忧患意识、危机意识、打仗意识，做到全部精力向打仗聚焦，全部工作向打仗用劲。要着眼解放和发展新质战斗力，与时俱进创新军事战略指导，更好适应国家发展战略、安全战略新要求，更好牵引军事力量建设与运用新发展，确保在世界军事竞争中牢牢掌握战略主动权。要抓紧抓实威慑和实战能力建设，加

紧构建高水平战略威慑和联合作战体系，增强基于网络信息体系的联合作战能力、全域作战能力，确保部队全时待战、随时能战。要深入推进实战化军事训练，坚持仗怎么打就怎么练，打仗需要什么就苦练什么，把军事训练抓得紧而又紧、实而又实。要提高军事力量常态化多样化运用水平，坚持边斗争、边备战、边建设，坚定灵活开展军事斗争，密切关注国家安全形势变化，着力塑造安全态势，聚精会神备战练兵，确保召之即来、来之能战、战之必胜。

（三）全面加强军事治理，巩固拓展国防和军队改革成果

军事治理是国家治理的重要组成部分。全面加强军事治理是中国共产党治军理念和方式的一场深刻变革，是加快国防和军队现代化的战略要求。要加强军事治理顶层设计和战略谋划，加强各领域治理、全链路治理、各层级治理，有计划、有重点加以推进。要加强全局统筹，加强跨部门跨领域协调，提高军事治理系统性、整体性、协同性。要深入推进战略管理创新，健全完善需求科学生成、快速响应、有效落实机制，走全过程专业化评估路子，确保链路顺畅高效，发挥军事系统运行整体效能，大胆创新探索新型作战力量建设和运用模式。要高度重视基层治理，尊重官兵主体地位和首创精神，推动基层建设全面进步、全面过硬。要把军事治理同改革和法治有机结合起来，巩固拓展国防和军队改革成果，深化军事立法工作，强化法规制度实施和执行监督，发挥好改革的推动作用，用好法治这个基本方式，更好推进军事治理各项工作。

（四）巩固提高一体化国家战略体系和能力

巩固提高一体化国家战略体系和能力是一个系统工程，关键是要在一体化上下功夫，实现国家战略能力最大化。要以加快新质战斗力供给为牵引，加强各领域战略布局一体融合、战略资源一体整合、战略力量一体运用，系统提升我国应对战略风险、维护战略利益、实现战略目的的整体实力。要深化科技协同创新，聚力加强自主创新，提升新兴领域战略能力，谋取国家发展和国际竞争新优势。要强化国防科技工业服务强军胜战导

向，优化体系布局，创新发展模式，加强重大基础设施统筹建设，加快构建大国储备体系，提升国家储备维护国家安全的能力。

二、维护科技安全的途径和方法

（一）不断健全完整有效的国家科技体系

当今世界，新科技革命和全球产业变革正孕育兴起，新技术突破加速带动产业变革，不断重塑世界经济格局。要牢牢把握科技进步大方向，强化战略导向和目标引导，加快构筑支撑高端引领的先发优势，以完整有效的国家科技体系支撑建设科技强国和维护科技安全。面对未来世界科技发展前沿，要重视原创性专业基础理论突破，加强科学基础设施建设，保证基础性、系统性、前沿性技术研究和基础研发持续推进，强化自主创新成果的源头供给。重点加强体现新科技革命发展趋势和国家需求导向的基础研究，促进跨学科、跨领域的优势研究力量集成，力争在更多领域掌握世界科学技术发展的主动权。深化科技体制改革，破除一切制约科技创新的思想障碍和体制藩篱，解放科技作为第一生产力所蕴藏的巨大潜能。进一步推动高水平科技自立自强，把国家和民族发展放在自己力量的基点上，把中国发展进步的命运牢牢掌握在自己手中。

（二）确保国家重点领域核心技术安全可控

世界科技强国建设历史表明，关键核心技术是要不来、买不来、讨不来的。中国要强盛、要复兴，就一定要坚持新型举国体制，实现科学技术自主发展，努力成为世界主要科学技术中心和创新高地，不断强化对外部打压遏制风险的抗压力、应变力和反制力，确保国家核心利益和安全不受外部科技优势危害。要把握新科技革命带来的机遇，加快实施创新驱动发展战略，将优势资源集聚到重点领域，推动产学研深度合作，着力强化重大科技创新平台建设，支持战略科学家领衔进行原创性、引领性科技攻关，从源头和底层努力突破关键核心技术难题。要加快提高核心基础零部件、先进基础工艺、关键基础材料和产业技术基础的研发能力,加快科技成果在航空航天、通信、金融、交通、电力等重点领域的推广应用,确保重点行业和领域安全可控,集中力量突破关系国家安全和产业命脉的"卡脖子"技术,在重点领域、关键环节实现自主可控,在根本上扭转关键核心技术受制于人的局面。聚焦信息网络、能源、材料、生物医药、高端装备、国防等关键领域的重大需求,抢占战略关键领域制高点,在维护科技安全中把握发展先机。

> 什么是核心技术?我看,可以从3个方面把握。一是基础技术、通用技术。二是非对称技术、"杀手锏"技术。三是前沿技术、颠覆性技术。在这些领域,我们同国外处在同一条起跑线上,如果能够超前部署、集中攻关,很有可能实现从跟跑并跑到并跑领跑的转变。
>
> ——习近平在网络安全和信息化工作座谈会上的讲话
>
> (2016年4月19日)

(三)以强大的人才优势维护和塑造强大的科技安全

建设科技强国,归根到底要靠科技人才,必须下气力打造体系化、高层次基础研究人才培养平台,主动超前布局,有力应对变局,奋力开拓新局,形成具有吸引力和国际竞争力的人才制度体系。要加大各类人才计划对基础研究人才支持力度,培养使用战略科学家,支持青年科技人才挑大梁、担重任,不断壮大科技领军人才队伍和一流创新团队。要加大基础研究领域人才培养力度,长期稳定支持一批在自然科学领域取得突出成绩且具有明显创新潜力的青年人才,让大批优秀基础研究人才涌现出来。要完善基础研究人才差异化评价和长周期支持机制,构建符合科技人才成长规律的评价体系。要深化科技体制改革,大力弘扬追求真理、勇攀高峰的科学精神,发扬科学报国的光荣传统,培育科技创新文化,健全科技评价体系和激励机制，为创新人才脱颖而出、尽展才华创造良好环境。要坚持走基础研究人才自主培养之路，深入实施"中学生英才计划""强基计划""基础学科拔尖学生培养计划"，优化基础学科教育体系，发挥高校基础研究人才培养主力军作用和科技领军企业"出题人""答题人""阅卷人"作用，加强国家急需高层次人才培养，源源不断地造就规模宏大的基础研究后备力量。

三、维护文化安全的途径和方法

（一）不断夯实马克思主义在宣传思想文化领域的指导地位

马克思主义是党和国家事业发展的魂脉。习近平文化思想是新时代党领导文化建设实践经验的理论总结，丰富和发展了马克思主义文化理论，是习近平新时代中国特色社会主义思想的文化篇，标志着中国共产党对中国特色社会主义文化建设规律的认识达到了新高度。在新时代新征程上，统一思想、坚定信心、凝聚力量的任务更加迫切。必须巩固好中国共产党的文化领导权和中华民族的文化主体性，旗帜鲜明坚持马克思主义在宣传思想文化领域的指导地位，以习近平文化思想为指引，着力加强党对宣传思想文化工作的领导，着力建设具有强大凝聚力和引领力的社会主义意识形态，着力培育和践行社会主义核心价值观，着力提升新闻舆论传播力引导力影响力公信力，着力赓续中华文脉、推动中华优秀传统文化创造性转化和创新性发展，着力推动文化事业和文化产业繁荣发展，着力加强国际传播能力建设、促进文明交流互鉴。实践一再表明，只有在宣传思想文化领域把马克思主义指导地位坚持好、把握牢，才能开创文化繁荣兴盛的生动局面，不断提升国家文化软实力和中华文化影响力，以伟大文化创造力引领伟大事业新发展，把建设社会主义文化强国推向前进。

（二）赓续中华优秀传统文化的精神根脉

中华优秀传统文化是中华民族最深厚的文化软实力，是我国的独特优势，体现了中国人民几千年积累的知识智慧和理性思辨，蕴藏着解决当代人类面临难题的重要启示。中华优秀传统文化有很多重要元素，比如，天下为公、天下大同的社会理想，民为邦本、为政以德的治理思想，九州共贯、多元一体的大一统传统，修齐治平、兴亡有责的家国情怀，厚德载物、明德弘道的精神追求，富民厚生、义利兼顾的经济伦理，天人合一、万物并育的生态理念，实事求是、知行合一的哲学思想，执两用中、守中致和的思维方法，讲信修睦、亲仁善邻的交往之道等，共同塑造出中华文明的突出特性。中国共产党既是马克思主义的坚定信仰者和践行者，又是中华优秀传统文化的忠实继承者和弘扬者。赓续中华优秀传统文化，不是复古主义，也不是排外主义，而是本着科学的态度，坚持古为今用、洋为中用，辩证取舍、推陈出新，用马克思主义激活中华优秀传统文化中富有生命力的优秀因子并赋予新的时代内涵，推动构建中华民族现代文明和人类文明新形态。习近平指出："在新的起点上继续推动文化繁荣、建设文化强国、建设中华民族现代文明，是我们在新时代新的文化使命。"[①] 文化同国运相牵，文脉同国脉相连，要培养造就一批善于传播中华优秀传统文化的人才，发出中国声音，讲好中国故事，不断提高国际传播影响力、中华文化感召力、中国形象亲和力、中国话语说服力和国际舆论引导力。

（三）坚定文艺创作的正确方向和人民立场

文化艺术工作在党和国家全局工作中具有十分重要的地位，对新时代坚持和发展中国特色社会主义具有十分重要的作用。要牢牢坚持文艺为人民服务、为社会主义服务的根本方向，把不断满足人民精神文化需求作为文艺工作的出发点和落脚点，把人民作为文艺表现的主体，把人民作为文艺审美的鉴赏家和评判者，把为人民服务作为文艺工作者的天职。文艺工作者要坚持以人民为中心的创作导向，把人民放在心中最高位置，把人民

[①] 习近平：《在文化传承发展座谈会上的讲话》（2023年6月2日），人民出版社2023年版，第10页。

满意不满意作为检验艺术的最高标准。通过深入生活、扎根人民，让中华优秀传统文化成为文艺创新的重要源泉，创造优秀的文艺作品，用现实主义精神和浪漫主义情怀观照现实生活，用光明驱散黑暗，用美善战胜丑恶，让人们看到美好，看到希望，看到梦想就在前面。必须把爱国主义作为文艺创作的主旋律，通过优秀文艺作品来引导人们树立和坚持正确的国家观、民族观、历史观、文化观，增强做中国人的骨气和底气。要坚持用明德引领风尚，树立高远的理想追求和深沉的家国情怀，把个人的艺术追求、学术理想同国家前途、民族命运紧密结合在一起，同人民福祉紧紧结合在一起，努力做对国家、对民族、对人民有贡献的艺术家和学问家。

（四）加快构建中国特色哲学社会科学

哲学社会科学的特色、风格、气派，是发展到一定阶段的产物，是成熟的标志，是实力的象征，也是自信的体现。要按照立足中国、借鉴国外，挖掘历史、把握当代，关怀人类、面向未来的思路，着力构建中国特色哲学社会科学，在指导思想、学科体系、学术体系、话语体系等方面充分体现中国特色、中国风格、中国气派。要加强马克思主义理论学科建设，加快完善哲学、历史学、经济学、政治学、法学、社会学、民族学、新闻学、人口学、宗教学、心理学等学科，注重发展优势重点学科，加快发展具有重要现实意义的新兴学科和交叉学科，重视发展具有文化价值和传承意义的"绝学"、冷门学科，加快推动建构中国自主知识体系，对当代中国伟大实践变革不断作出有学理性的新概括、有规律性的新总结。要不断深化对马克思主义中国化时代化理论创新成果的学理阐释，特别是对习近平新时代中国特色社会主义思想原理性理论成果的研究阐释，回答好中国共产党为什么能、马克思主义为什么行、中国特色社会主义为什么好的问题，了解群众生活状况，把握群众思想脉搏，着眼群众思想需要解疑解惑、阐明道理，把学问写进群众的心坎里，充分发挥中国特色哲学社会科学在建设社会主义意识形态和维护国家文化安全中的重大作用。

四、维护社会安全的途径和方法

（一）强化社会治安整体防控

面对影响国家长治久安、人民幸福安康的社会治安问题，必须保持清醒头脑、强化底线思维，有效防范、管理、处理国家安全风险，有力应对、处置、化解社会安全挑战，有效应对社会治安问题。一方面，要从人民群众反映最强烈的问题入手，全面排查各类安全隐患，防范重大突发事件发生。要强化社会治安整体防控，推进扫黑除恶常态化，依法严惩群众反映强烈的各类违法犯罪活动，发展壮大群防群治力量，营造见义勇为的社会氛围，建设人人有责、人人尽责、人人享有的社会治理共同体。另一方面，要完善党委领导和政府主导的维护群众权益机制、社会利益协调机制、预防和化解社会矛盾机制、社会风险评估机制、突发事件监测预警机制，以健全完善的机制保障社会治安水平的不断提高。

（二）提高公共安全治理水平

新时代新征程，坚持以人民安全为宗旨，必须树牢安全第一、预防为主理念，提高公共安全治理水平，要在完善公共安全体系的基础上，着力推动公共安全治理模式从事后处置向事前预防转型，提高对公共安全风险的预判、防范、化解能力。必须坚持系统观念、全局观念，打破条块分割、部门独立、地方割裂的旧观念旧框架，建立大安全大应急框架，实现全要素全社会协同联动效应，形成共同维护公共安全的社会合力。必须围绕重点行业、重点领域、重大突发公共安全事件，加强重点公共安全领域各类安全问题的处置保障能力建设，不断满足广大人民群众的公共安全需要。

（三）坚持和发展新时代"枫桥经验"

基层治理是社会治理的重心和主阵地，也是平安中国建设的重要基础。"枫桥经验"是新中国成立以来我国基层社会处理和化解矛盾的重要创新经验。随着社会的发展，这一重要经验已从过去的化解矛盾纠纷、维护社会稳定，拓展到今天预防化解经济、政治、文化、社会、生态等各领域的安全风险。2020年11月，习近平在对平安中国建设作出的重要指示中强调，要加强基层组织、基础工作、基本能力建设，全面提升平安中国建设科学化、社会化、法治化、智能化水平，不断增强人民群众获得感、幸福感、安全感。在新时代坚持和发展"枫桥经验"，对于把矛盾化解在基层，风险防范在萌芽，建设更高水平的平安中国具有重大意义。坚持和发展新时代"枫桥经验"，就是要发扬优良作风，适应时代要求，树立强基固本思想，坚持重心下移、力量下沉、资源下投，向基层放权赋能，构建网格化管理、精细化服务、信息化支撑、开放共享的基层管理服务平台，加强基层社会治理队伍建设，建立健全富有活力和效率的新型基层治理体系。

知识拓展

新时代"枫桥经验"

20世纪60年代初，浙江省诸暨市枫桥镇干部群众创造了"发动和依靠群众，坚持矛盾不上交，就地解决，实现捕人少，治安好"的"枫桥经验"。1963年，毛泽东在有关枫桥经验材料上批示"要各地仿效，经过试点，推广去做"。从此，"枫桥经验"在实践中不断丰富发展，成为全国政法综治战线的一面旗帜。习近平担任浙江省委书记时明确要求充分珍惜、大力推广、不断创新"枫桥经验"。党的十八大以来，形成了特色鲜明的新时代"枫桥经验"。2013年，习近平作出重要指示，要求把"枫桥经验"坚持好、发展好。党的十九届四中全会将坚持和发展新时代"枫桥经验"作为共建共治共享的社会治理制度的重要内容。党的二十大强调要坚持和发展新时代"枫桥经验"。

新时代"枫桥经验"的内涵是，坚持和贯彻党的群众路线，在党的领导下，充分发动群众、组织群众、依靠群众解决群众自己的事情，做到"小事不出村、大事不出镇、矛盾不上交"。新时代"枫桥经验"为创新基层社会治理提供了典型经验借鉴，体现了通过提高基层社会治理能力维护社会安全和建设更高水平平安中国的规律性要求。

思考题

1. 根据当前国内外形势，谈谈你对坚持以军事安全为保障的理解。

2. 结合熟悉的案例，说明为什么科技创新成为国际战略博弈的主要战场。

3. 百年变局下维护我国文化安全面临的主要挑战是什么？

4. 为什么要在新时代坚持和发展"枫桥经验"？这对维护社会安全有什么意义？

第八章　坚持以促进国际安全为依托

随着经济全球化持续深入发展，国家间联系日益紧密，国际社会越来越成为你中有我、我中有你的命运共同体。构建人类命运共同体，是习近平面对"人类向何处去"这一时代之问，对"建设一个什么样的世界、怎样建设这个世界"给出的中国方案。要坚持以全球性思维谋篇布局，营造更加有利的国际环境，共同维护国际安全，为全面建设社会主义现代化国家创造良好外部条件。

第一节　坚持以促进国际安全为依托的科学内涵

坚持以促进国际安全为依托，彰显了构建人类命运共同体的基本理念，对统筹自身安全和共同安全，应对百年变局和实现中华民族伟大复兴等方面具有重大现实意义和深远战略影响。

一、倡导新的全球安全观和地区安全观

习近平指出："国际社会发展到今天已经成为一部复杂精巧、有机一体的机器，拆掉一个零部件就会使整个机器运转面临严重困难，被拆的人会受损，拆的人也会受损。"[①] 立足对时代发展和中国历史方位的科学判断，中国提出了新的全球安全观和地区安全观。2014年5月，

[①] 习近平：《携手迎接挑战　合作开创未来——在博鳌亚洲论坛2022年年会开幕式上的主旨演讲》（2022年4月21日），人民出版社2022年版，第6页。

习近平提出共同、综合、合作、可持续的亚洲安全观，明确了亚洲地区安全的主体、范畴、实现方式和作用效果。亚洲安全观不仅适用于亚洲国家，也适用于整个国际社会。2020年12月，习近平就贯彻总体国家安全观提出"十个坚持"要求。在"坚持推进国际共同安全"中，习近平提出"推动树立共同、综合、合作、可持续的全球安全观"[①]。2022年4月，习近平提出全球安全倡议，该倡议以"六个坚持"为核心要义，其中包括坚持共同、综合、合作、可持续的安全观。2023年2月，中国发布的《全球安全倡议概念文件》进一步明确了全球安全倡议的核心理念与原则。截至目前，全球安全倡议已经获得100多个国家和国际组织的支持、赞赏。

在坚持以促进国际安全为依托的进程中，要把地区安全观和全球安全观有机联系起来。只有整个国际社会形成了可持续的、良好的安全环境，各国国家安全才会有稳固的可靠依托，各个领域的安全才能得到切实的保障和维护。

> **知识拓展**
>
> **全球安全倡议**
>
> ——坚持共同、综合、合作、可持续的安全观，共同维护世界和平和安全。
>
> ——坚持尊重各国主权、领土完整，不干涉别国内政，尊重各国人民自主选择的发展道路和社会制度。
>
> ——坚持遵守联合国宪章宗旨和原则，摒弃冷战思维，反对单边主义，不搞集团政治和阵营对抗。

[①] 《习近平谈治国理政》第四卷，外文出版社2022年版，第391页。

——坚持重视各国合理安全关切，秉持安全不可分割原则，构建均衡、有效、可持续的安全架构，反对把本国安全建立在他国不安全的基础之上。

——坚持通过对话协商以和平方式解决国家间的分歧和争端，支持一切有利于和平解决危机的努力，不能搞双重标准，反对滥用单边制裁和"长臂管辖"。

——坚持统筹维护传统领域和非传统领域安全，共同应对地区争端和恐怖主义、气候变化、网络安全、生物安全等全球性问题。

二、维护国际社会的共同安全

国际社会的共同安全，是指所有国家都平等地共同享有安全权益而不受他国的侵害，即无论国家大小、强弱、贫富，均一律平等地享有其各自的安全利益，以及提出安全诉求、推进安全战略、维护国家自身安全的权利、手段和力量。世上没有绝对安全的世外桃源，一国的安全不能建立在别国的动荡之上，他国的威胁也可以成为本国的挑战。安全问题是双向的、联动的，只顾一个国家安全而罔顾其他国家安全，牺牲别国安全谋求自身的所谓绝对安全，不仅是不可取的，而且最终会贻害自己。每个国家都是国际社会共同安全的参与者、建设者和维护者。

中国坚持高水平对外开放，就是通过中国自身发展带动国际社会发展，通过深植国际社会更好地实现中国自身发展，这离不开稳定安全的国际环境。全球性安全问题的爆发和蔓延，使不少的国家将推进国际社会的共同安全、推动全球治理结构变革、实现互利合作共赢等视为处理和参与国际事务的基本态度。坚持以促进国际安全为依托，为实现国际社会的共同安全以及顺应和平、发展、合作、共赢的时代潮流提供了强有力的保障。

三、推动构建新型国际关系

习近平指出:"我们要继承和弘扬联合国宪章的宗旨和原则,构建以合作共赢为核心的新型国际关系,打造人类命运共同体。"[①] 新型国际关系强调相互尊重、公平正义、合作共赢。相互尊重,即坚持国家不分大小、强弱、贫富一律平等,尊重各国人民自主选择发展道路的权利。公平正义,即摒弃丛林法则,反对干涉别国内政,推动国际秩序朝着更加公正合理的方向发展。合作共赢,即各国要同心协力,妥善应对各种问题和挑战,以合作取代对抗,以共赢取代独占,共护和平,共促发展,实现最大范围的互利共赢。

中国坚持在和平共处五项原则基础上同各国发展友好合作,推动构建新型国际关系,深化拓展平等、开放、合作的全球伙伴关系,致力于扩大同各国利益的汇合点,坚定维护以联合国宪章宗旨和原则为核心的国际秩序和国际体系。对国家间的矛盾和分歧,中国始终倡导有事好商量,依托多边框架和平台,加强沟通协调,求同存异,聚同化异,扩大共识,坚持弘扬全人类共同价值,以和平方式解决问题,反对动辄诉诸武力或以武力相威胁。在国际安全领域,中国始终坚持以和平方式解决国际争端,坚定不移维护世界共同利益,积极通过促进国际安全来不断维护国家安全。

第二节 新时代国际安全面临的风险挑战

当前,百年变局加速演进,世界各国在享受经济全球化带来的发展机遇的同时,也面临着世界进入新的动荡变革期带来的全球性问题、泛化国

[①] 《习近平谈治国理政》第二卷,外文出版社2017年版,第522页。

家安全、技术和产业升级等引发的新的安全挑战。

一、国际战略格局深刻演变

多极化是当今世界的基本趋势。在百年变局加速演进过程中，国际社会也进入新的发展、变革与调整时期。全球范围内越来越多的国家推动政治、经济、文化、军事、科技等各方面的改革和建设，自身综合国力得到了很大提升，走上了现代化的快车道，提升了国际地位，增强了国际影响力；伴随经济全球化进程，涵盖亚非拉地区的广大发展中国家和新兴经济体的"全球南方"持续发展壮大，世界经济重心逐步向"全球南方"转移，在推动国际秩序发展演变中发挥着越来越重要的作用。这推动着国际力量出现新的分化组合，国际体系和国际秩序进入深度调整期。目前国际社会多数成员，不论大国小国，都主张平等有序的世界多极化，都认为不能重走阵营对抗、零和博弈的老路，更不能重蹈战争冲突的覆辙。国际力量对比深刻调整、更趋均衡，促和平、求稳定、谋发展已成为国际社会的普遍诉求。

世界进入新的动荡变革期。国际形势的加剧变化和国际力量的分化组合，促使各国尤其是主要国家纷纷调整国家安全战略，对国际安全产生了重大影响。少数西方国家利用其在政治、经济、军事、科技等方面的优势地位，不断强化和扩大军事同盟，加快提升核、太空、网络、导弹防御等领域战略遏制能力，试图激化国际战略竞争，损害全球战略稳定。与此同时，个别西方国家不断强化在亚太、印太地区的战略影响力、军事影响力，开展一系列军售、军演，不断制造地区热点，使亚太、印太地区局势持续紧张，严重威胁地区和平安全。

尽管当今世界面临着一系列重大问题重大挑战，但人类发展进步的大方向不会改变，世界历史曲折前进的大逻辑不会改变，国际社会命运与共的大趋势不会改变，对此我们要有充分的历史自信。

二、个别西方国家逆全球化行为危害日益严重

经济全球化是生产力发展的客观要求、科技进步的必然结果，也是人类社会前进的必由之路，更是不可逆转的时代潮流。冷战结束以来，经济全球化促进了贸易繁荣、投资便利、人员流动、技术发展，推动了世界经济快速发展。但近年来，个别西方国家的保护主义明显抬头，内病外治、转嫁矛盾等现象令人担忧。事实证明，这些以邻为壑的逆全球化行为不仅解决不了自身痼疾沉疴，而且扰乱了全球产业链供应链安全稳定，阻碍世界经济沿着普惠包容的方向健康发展，导致各国利益和人类利益受到损害。

个别西方国家在推动逆全球化的过程中滥施"长臂管辖"。长期以来，个别西方国家出于私利，泛化国家安全概念，滥用国内法的域外适用，对外国实体和个人进行肆意打压，这种霸凌行径即为"长臂管辖"，管辖范围不断扩大、长臂越伸越长。"长臂管辖"的实质是个别西方国家攫取地缘政治和经济利益、维护霸权的工具，严重侵犯别国主权、干涉别国内政、损害别国正当利益，严重侵蚀以联合国为核心的多边主义国际秩序，遭到国际社会普遍批评。奉行"长臂管辖"的国家，把自己的意志和标准强加于人，用自己的"家规"取代普遍接受的国际法则，加剧了国家间紧张关系，冲击了国际秩序，破坏了各类国际治理机制的宗旨和功能，损害了别国企业利益，对国家主权、国际法、联合国、多边主义、国家间关系以及国际安全体制等有百害而无一利。

习近平指出："世界经济的大海，你要还是不要，都在那儿，是回避不了的。想人为切断各国经济的资金流、技术流、产品流、产业流、人员流，让世界经济的大海退回到一个一个孤立的小湖泊、小河流，是不可能的，也是不符合历史潮流的。"[①] 经济全球化是推动世界经济增长的引擎，

---

① 《习近平著作选读》第一卷，人民出版社2023年版，第555页。

虽然它带来了新问题，但不能就此把经济全球化一棍子打死，必须坚决反对逆全球化行为和思潮，消解经济全球化的负面影响，引导经济全球化健康发展。

> **知识拓展**
>
> 什么是"长臂管辖"？
>
> "长臂管辖"本为美国法律中的一个概念，专指司法机关对于住所或居所在其域外的人员或实体实施的管辖。按照国际法，一国对域外人员或实体行使管辖权，一般要求该人员或实体或其行为与该国存在真实、足够的联系。而美国行使"长臂管辖"采用"最低联系原则"，只要与美国有某种极微弱的联系，如使用美元清算、利用美国邮件系统等，就构成"最低联系"。此外，美国还进一步发展出"效果原则"，即只要发生在国外的行为在美国境内产生所谓"效果"，不管行为人是否具有美国国籍或在美国是否有住所，也不论该行为是否符合行为发生地法律，均可行使管辖权。

三、新一轮科技革命和产业变革正在重塑全球创新版图

当今世界，全球科技创新进入空前密集活跃的时期。以大数据、人工智能、量子信息等为代表的科学技术加速突破应用，以合成生物学、基因编辑、脑科学、再生医学等为代表的生命科学领域正在孕育新的变革，融合机器人、数字化、新材料的先进制造技术正在加速推进制造业向智能化、服务化、绿色化转型，以清洁高效可持续为目标的能源技术加速发展将引发全球能源变革，空间和海洋技术正在拓展人类生存发展新疆域。

现在，我们迎来了新一轮科技革命和产业变革同我国发展方式转变的历史交汇时期，既面临千载难逢的历史机遇，又面临差距拉大的严峻挑战，对科技创新的需求比以往任何时候都更加迫切。信息、制造、能源、太空、海洋等方面的原创突破为前沿技术、颠覆性技术提供了更多创新源泉，学科之间、科学和技术之间、技术之间、自然科学和人文社会科学之间日益呈现交叉融合趋势，科学技术从来没有像今天这样深刻影响着国家前途命运，从来没有像今天这样深刻影响着人民生活福祉。在新一轮科技革命和产业变革大势中，必须把抢占全球创新版图优势地位摆在国家发展全局的突出战略位置，在适应和引领新一轮科技革命中实现产业变革。否则，必然会对我国实现高质量发展形成制约，并最终威胁国家安全。

第三节　新时代维护国际安全的途径和方法

当前国际安全面临多种挑战，要坚持以习近平外交思想为指导，从安全理念、安全机制、安全体系等多个方面入手，为进一步保持战略定力、维护国家利益、掌握安全主动权夯实基础。同时，积极为维护、增进和确保国际安全营造制度性合作的新氛围、新基础和新平台，不断努力促进国际共同安全。

一、构建普遍安全的人类命运共同体

（一）推动建设持久和平、普遍安全、共同繁荣、开放包容、清洁美丽的世界

构建人类命运共同体的理念，反映了中国人民和各国人民的共同心声，凝聚着国际社会的广泛共识，为人类携手应对重大危机和全球性挑战提供了中国方案。概括地讲，构建人类命运共同体，是以建设持久和平、

普遍安全、共同繁荣、开放包容、清洁美丽的世界为努力目标，以推动共商共建共享的全球治理为实现路径，以践行全人类共同价值为普遍遵循，以推动构建新型国际关系为基本支撑，以落实全球发展倡议、全球安全倡议、全球文明倡议为战略引领，以高质量共建"一带一路"为实践平台，推动各国携手应对挑战、实现共同繁荣，推动世界走向和平、安全、繁荣、进步的光明前景。

共同构建普遍安全的人类命运共同体是世界各国人民前途之所系。坚持对话协商，各国要相互尊重、平等协商，坚决摒弃冷战思维和强权政治，建设一个持久和平的世界。坚持共商共建共享，以对话解决争端、以协商化解分歧，统筹应对传统和非传统安全威胁，反对一切形式的恐怖主义，建设一个普遍安全的世界。坚持合作共赢，推进开放、包容、普惠、平衡、共赢的全球化，让发展成果惠及世界各国，建设一个共同繁荣的世界。坚持文明交流互鉴，让不同文明间的交往交融成为推动人类社会进步的动力、维护世界和平的纽带，建设一个开放包容的世界。坚持绿色低碳，要牢固树立尊重自然、顺应自然、保护自然的意识，以人与自然和谐共生为目标，实现世界的可持续发展和人的全面发展，建设一个清洁美丽的世界。

构建人类命运共同体，要以践行全人类共同价值为普遍遵循。中国倡导的和平、发展、公平、正义、民主、自由的全人类共同价值，勾勒出世界各国人民普遍认同的价值理念和最大同心圆，超越了意识形态、社会制度和发展水平差异，揭示了构建人类命运共同体理念深邃的价值内涵，为建设持久和平、普遍安全、共同繁荣、开放包容、清洁美丽的世界提供了价值基石。

（二）推动高质量共建"一带一路"，夯实共同构建普遍安全的人类命运共同体的重要实践基础

共建"一带一路"倡议是推动构建普遍安全的人类命运共同体的重要实践平台。共建"一带一路"倡议的核心内容是，促进基础设施建设和互联互通，对接各国政策和发展战略，深化务实合作，促进协调联动发展，

实现共同繁荣。要坚持共商共建共享原则，遵循平等，追求互利，充分尊重各国差异，共同探讨符合各国国情的合作模式。基础设施是互联互通的基石，要把基础设施"硬联通"作为重要方向，把规则标准"软联通"作为重要支撑，把同共建国家人民"心联通"作为重要基础，把"一带一路"打造成团结应对挑战的合作之路、促进经济社会发展的繁荣之路、释放发展潜力的增长之路，为携手推动共建普遍安全的人类命运共同体奠定实践基础。

> 推动构建人类命运共同体，不是以一种制度代替另一种制度，不是以一种文明代替另一种文明，而是不同社会制度、不同意识形态、不同历史文化、不同发展水平的国家在国际事务中利益共生、权利共享、责任共担，形成共建美好世界的最大公约数。
>
> ——习近平在中华人民共和国恢复联合国合法席位50周年纪念会议上的讲话（2021年10月25日）

二、建立健全国际和地区安全机制

（一）维护联合国权威和地位，共同践行真正的多边主义

世界上的问题错综复杂，解决问题的出路是维护和践行多边主义，推动构建人类命运共同体。践行真正的多边主义，致力于稳定国际秩序，维护以联合国为核心的国际体系、以国际法为基础的国际秩序、以联合国宪章宗旨和原则为基础的国际关系准则，反对单边主义、保护主义、霸权主义、强权政治，推动国际关系民主化和法治化。在构建国际安全机制上，各国应切实维护联合国安理会的职能与作用并尊重其决议，联合国安理会常任理事国和其他具有国际影响力的大国要起到示范作用。要针对恐怖主

义、气候危机、极端势力、网络攻击等棘手的全球性问题开展定期化、常态化的全球性安全合作，并通过国际会议、协议等方式监督落实情况。各国应认识到国际安全机制构建和完善的目的是实现共同安全、综合安全、合作安全和可持续安全，摒弃偏见和私利，相向而行，共同有为。

（二）倡导普惠包容的经济全球化

普惠包容是经济全球化的本质要求。经济全球化是普惠的发展过程，这就是说要顺应世界各国尤其是发展中国家的普遍诉求，解决好资源全球配置造成的国家间和各国内部发展失衡问题，使发展既平衡又充分，推动形成有利于世界各国尤其是发展中国家加快发展的全球化，实现互利共赢和共同繁荣。经济全球化是包容的发展过程，这就是说要支持各国走出符合自身国情的发展道路，同时携手开创全人类的共同发展。坚持普惠包容的经济全球化，必须坚决反对逆全球化、泛安全化以及各种形式的单边主义、保护主义，坚定促进贸易和投资自由化便利化，破解阻碍世界经济健康发展的结构性难题，实现普惠包容的世界经济发展。

知识拓展

全球发展倡议

——坚持发展优先。将发展置于全球宏观政策框架的突出位置，加强主要经济体政策协调，保持连续性、稳定性、可持续性，构建更加平等均衡的全球发展伙伴关系，推动多边发展合作进程协同增效，加快落实联合国2030年可持续发展议程。

——坚持以人民为中心。在发展中保障和改善民生，保护和促进人权，做到发展为了人民、发展依靠人民、发展成果由人民共享，不断增强民众的幸福感、获得感、安全感，实现人的全面发展。

——坚持普惠包容。关注发展中国家特殊需求,通过缓债、发展援助等方式支持发展中国家尤其是困难特别大的脆弱国家,着力解决国家间和各国内部发展不平衡、不充分问题。

——坚持创新驱动。抓住新一轮科技革命和产业变革的历史性机遇,加速科技成果向现实生产力转化,打造开放、公平、公正、非歧视的科技发展环境,挖掘疫后经济增长新动能,携手实现跨越发展。

——坚持人与自然和谐共生。完善全球环境治理,积极应对气候变化,构建人与自然生命共同体。加快绿色低碳转型,实现绿色复苏发展。中国将力争2030年前实现碳达峰、2060年前实现碳中和。

——坚持行动导向。加大发展资源投入,重点推进减贫、粮食安全、抗疫和疫苗、发展筹资、气候变化和绿色发展、工业化、数字经济、互联互通等领域合作,加快落实联合国2030年可持续发展议程,构建全球发展命运共同体。

(三)共建开放的区域主义,共建安宁家园

在构建地区安全机制上,地区性大国作为主要推动力应发挥积极的带头引领和建设性作用,注重发挥地区安全机制与国际安全机制的对接联动作用,在国际安全机制的带动下,完善地区安全机制,维护地区安全稳定,明确国际安全整体走向。上海合作组织[①]就是在开放的区域主义下对接国际安全机制并取得显著成果的有力印证。共同致力于维护和保障地区的和平、安全与稳定是上海合作组织的宗旨之一。秉持这一宗旨,上海合作组织自建立至今在打击域内"三股势力"和跨国犯罪行为、禁毒以及维

[①] 上海合作组织是第一个由中国参与推动建立并以中国城市命名的区域性合作组织,于2001年6月15日成立,创始成员国为中国、俄罗斯、哈萨克斯坦、吉尔吉斯斯坦、塔吉克斯坦、乌兹别克斯坦。

护国际能源安全、粮食安全等方面发挥着巨大作用。同时,上海合作组织秘书处还与联合国、东南亚国家联盟、独联体集体安全条约组织等建立了合作关系,践行地区安全机制与国际安全机制的对接联动,为维系地区安全和国际安全注入了坚实力量。

> **知识拓展**
>
> ### 亚丁湾护航
>
> 2008年12月26日,由武汉舰、海口舰和微山湖舰组成的首批护航编队从三亚启航,赴亚丁湾、索马里海域执行护航任务。截至2023年年底,中国海军已连续派出40余批护航编队赴亚丁湾、索马里海域执行护航任务,安全护送1 600多批7 200余艘次船舶,其中外籍船舶超过50%,为维护国际重要水道安全作出积极贡献。护航编队还曾参与叙利亚化学武器海运联合护航,马航失联客机联合搜救,向马尔代夫运送救灾用淡水,协助中外人员撤离也门、苏丹等临时行动,积极提供国际公共产品,履行国际人道主义义务。
>
> ### 湄公河联合巡逻执法
>
> 2011年10月发生了令人心痛的"湄公河惨案",中国两艘商船在湄公河"金三角"水域遭遇袭击,船员不幸罹难。"湄公河惨案"发生后,党中央、国务院高度重视。中国警方突破创新、攻坚克难,不断建立完善与老挝、缅甸、泰国有关部门的联络协作机制,在信息交流、联合清剿、协作抓捕、证据交换、共同审讯、嫌疑人移交等方面大胆创新、务实合作,促进案件侦破工作的高效开展。最终,

> 这一"几乎不可能侦破的案件"在中老缅泰四国警方（包括军方）的共同协作下，只用了10个月时间便成功告破，并开创了中国国际警务合作的多个"第一"。自2011年12月起，中国和老挝、缅甸、泰国执法部门共同开展湄公河联合巡逻执法，确保湄公河航运安全。截至2024年6月，共开展了142次联合巡逻执法。

三、完善全球安全治理体系

完善全球安全治理体系，需要各国政府和国际组织及专门力量发挥积极作用，也需要国际社会各方面共同参与，不断提高全球安全治理的整体性和协同性。当前，全球安全治理体系与国际现实仍存在许多不适应的地方，公平性和合理性尚显不足，需要进一步健全和完善。每个国家都是国际社会的平等成员，在面对全球性问题时，国家无论大小、强弱都应该树立全球意识、担当全球责任、推动全球治理，这一点在国际安全领域尤为迫切和重要。中国积极推动全球安全倡议落地见效，倡导走出一条对话而不对抗、结伴而不结盟、共赢而非零和的新型安全之路，为破解全球安全治理难题、促进世界安危与共贡献了中国方案。

高举合作、创新、法治、共赢的旗帜，完善全球安全治理体系。要坚持合作共建，实现持久安全。各国都有平等参与国际和地区安全事务的权利，也都有维护国际和地区安全的责任。大国应发挥好自己的作用，同时倡导健全反制裁、反干涉、反"长臂管辖"机制，优化全球安全治理力量布局，支持和鼓励其他国家特别是广大发展中国家广泛平等参与全球安全治理，共同发挥作用。要坚持改革创新，实现共同治理。各国政府和政府间组织要承担安全治理的主体责任，同时要鼓励非政府间国际组织、跨国公司、民间社会积极参与，形成安全治理合力。运用先进的理念、科学的态度、专业的方法、精细的标准提升全球安全治理效能。要坚持法治精神，实现公平正义。国与国之间开展执法安全合作，既要遵守两国各自的法律规定，又要确保国际法平等统一适用，不能搞双重标准，更不能合则用、不合则弃。要坚持和维护联合国宪章以及国际法准则，不断完善相关国际规则，确保国际秩序公正合理、人类社会公平正义。要坚持互利共赢，实现平衡普惠。要树立正确义利观，大国要在安全和发展上给予不发达国家和地区更大支持，在推动实现包容性发展的基础上不断提高全球安全治理能力。

 思考题

1. 如何从推动构建人类命运共同体的角度来理解坚持以促进国际安全为依托的重要性？

2. 如何理解世界普遍安全与各国自身安全的关系？

3. 当前维护国际安全面临的主要风险挑战来自哪里？

4. 结合所关注的时政热点，谈谈你对中国提出的全球安全倡议的理解。

第九章　筑牢其他各领域国家安全屏障

随着时代和实践的发展，国家安全领域也在不断扩展。维护国家安全，构建新安全格局，要充分认识和把握其他各领域国家安全的主要内容，坚持统筹推进各领域安全，积极为维护其他各领域国家安全贡献智慧和力量。

第一节　筑牢国土安全屏障

国土安全是立国之基，是国家生存和发展的基本条件，是人民安居乐业的基本保障。随着我国综合国力不断增强和国际影响力日益提升，我国维护国土安全的能力不断增强。但随着国际形势的发展变化，我国国土安全面临的形势仍然严峻复杂，必须坚决维护国家主权和领土完整，采取一切必要的防卫和管控措施，坚决维护国土安全。

> 我们决不会坐视国家主权、安全、发展利益受损，决不会允许任何人任何势力侵犯和分裂祖国的神圣领土。一旦发生这样的严重情况，中国人民必将予以迎头痛击！
> ——习近平在纪念中国人民志愿军抗美援朝出国作战70周年大会上的讲话（2020年10月23日）

一、国土安全的科学内涵

（一）领陆安全

领陆是国家领土中最基本的组成部分。一国的领陆包括国家主权管辖下的陆地及其底土。国家对领陆行使完全的主权，未经一国同意，任何其他国家或国际组织的人员、船舶、航空器等都不得入内。一国对其领陆范围内的一切人、物和事件行使管辖权，除非后者依据国际法享有豁免。

（二）领水安全

领水是指国家主权管辖下的全部水域及其底土，包含内水和领海两大部分。领水安全主要体现在领海安全上。领海的上空、海床和底土，均属沿海国主权管辖范围。以我国为例，一切外国军用船舶和航空器，未经中华人民共和国政府许可，不得进入中国的领海和领海上空。任何外国船舶在中国领海航行，必须遵守《中华人民共和国政府关于领海的声明》《中华人民共和国领海及毗连区法》等法律文件。

（三）领空安全

领空是指主权国家领陆和领水向上的全部空气空间，是一个国家领土不可分割的组成部分。国家对领空具有完全的、排他的主权，对其实行完全的管辖和管制。没有得到地面国家许可，外国的航空器不得飞经或者飞入地面国家的领空。

二、新时代维护国土安全面临的风险挑战

（一）领土主权和海洋权益仍面临严峻的威胁挑战

我国陆地边境安全形势总体稳定，但威胁挑战依然存在，其中以中印边界问题最为突出。在海洋方面，挑战主要来自岛礁主权与海洋权益主张争议。在南海方向，一些国家长期非法侵占我国南沙群岛部分岛

礁，非法开展油气等海洋资源开发，非法干扰我国南海作业和航行。在东海方向，日本政府无视钓鱼岛及其附属岛屿自古以来就是中国固有领土的事实，利用钓鱼岛问题谋取政治利益。维护自身的领土主权完整和正当合理的海洋权益，是我国政府必须承担的责任。

（二）反分裂斗争形势依然严峻

我国反分裂斗争形势严峻，"台独""港独""藏独""东突"等分裂势力活动对实现国家统一、维护国土安全构成了严重威胁。"台独"分裂是祖国统一的最大障碍，是民族复兴的严重隐患。尽管海峡两岸尚未完全统一，但中国主权和领土从未分割，大陆和台湾同属一个中国的事实从未改变。台湾问题因民族弱乱而产生，必将随着民族复兴而解决。

（三）涉国土安全的国际舆论影响力亟需提升

当前，在国际舆论场特别是在涉及国土安全的国际舆论中，中国"有理说不出""说了传不开""传开叫不响"的局面还没有从根本上发生改变。为遏制中国发展，一些国家罔顾事实，采用双重标准，以不公正的态度看待我国维护国土安全的政策和举措，频频制造不实的国际舆论，制造不利于我国国土安全的国际舆情，企图恶化中国和平发展的战略环境，这迫切要求我国不断提升国际舆论引领力、传播力、影响力。

三、新时代维护国土安全的途径和方法

（一）提升国家综合实力和国际地位

提升国家综合实力是维护国土安全的前提和保障。只有国家强大了，才能在维护国土安全时有底气、有信心、有能力。要始终坚持以经济建设为中心，紧紧抓住新时代新征程的中心任务，只有经济和科技快速发展，才能更好地加强国防和军队现代化建设，有效遏制侵害我国国土安全的各种图谋和行为。坚定奉行独立自主的和平外交政策，积极参与全球治理体系改革和建设，不断提高我国国际地位和国际影响力，增强国土安全的国

际话语权，增强国土安全对外法律斗争能力。

（二）坚持强边固防、兴边富民

有国才能有家，没有国境的安宁，就没有万家的平安。要加强边境基础设施建设，鼓励各族群众扎根边陲、守护国土、建设家乡。推进党政军警民合力强边固防，形成坚强的战斗堡垒，提高打击恐怖主义和处置各类边境突发事件的能力，巩固边境安全。加强边境地区文化建设，铸牢中华民族共同体意识，使国防法治观念、边防政策法规深入人心，形成做神圣国土守护者、幸福家园建设者的良好氛围。大力实施兴边富民工程，切实提升边境地区产业发展、基础设施建设、公共服务水平，下大力气提高边境人民群众生活水平，建设团结繁荣稳定的现代化新边疆。

（三）坚持陆海统筹，建设海洋强国

党的二十大报告提出，发展海洋经济，保护海洋生态环境，加快建设海洋强国。实现这一目标，既要提升海洋经济、军事、科技等硬实力，又要增强海洋意识、海洋文明等软实力。坚持陆海统筹，壮大海洋经济，科学合理有序开发海洋资源，维护我国海洋权益。只有加快建设海洋强国，才能有效应对我国海洋安全面临的一系列现实的和潜在的威胁与挑战，从而更好维护我国主权和海洋权益。

（四）完善国土安全法律法规和教育体系

完善的国土安全法律法规体系，是维护国土安全的依据。为了维护国土安全，我国出台了一系列法律法规，如《中华人民共和国陆地国界法》《中华人民共和国领海及毗连区法》《反分裂国家法》等，为我国处理国土安全问题提供了有力武器。目前，我国国土安全方面的法律法规仍有较大完善空间，需进一步加强国土安全立法，完善我国国土安全法律制度体系。同时，要加强国土安全相关法律法规、国家版图和国土主权的宣传教育，增强广大人民群众的国家版图意识，使人民群众自觉遵守国土安全相关法律法规，自觉维护国家领土及主权完整。

第二节　筑牢生态安全屏障

生态安全关系人民福祉，关系中华民族永续发展。新时代我国生态文明建设的成就举世瞩目，实现了由重点整治到系统治理、由被动应对到主动作为、由全球环境治理参与者到引领者、由实践探索到科学理论指导的四个重大转变，我国天更蓝、地更绿、水更清，万里河山更加多姿多彩。生态环境保护和生态文明建设，是我国持续发展最为重要的基础，必须深入贯彻习近平生态文明思想，尊重自然、顺应自然、保护自然，筑牢生态安全屏障。

一、生态安全的科学内涵

（一）生态空间安全

生态空间涵盖除农业空间、城镇空间外的所有国土空间。生态空间安全主要指根据生态保护红线保障和维护国家生态安全。生态保护红线以内的区域原则上按照禁止开发区域的要求进行管理，严禁不符合主体功能定位的各类开发活动，严禁任意改变用途，严格禁止任何单位和个人擅自占用和改变生态保护红线的用地性质，鼓励按照规划开展维护、修复和提升生态功能的活动。生态保护红线外的生态空间，原则上按限制开发区域的要求进行管理，严格限制建设占用等不可逆性变化，在不妨害现有生态功能的前提下，允许适度的国土开发、资源和景观利用。

（二）生态系统安全

生态系统指在一定时间和空间内，生物与其生存环境以及生物与生物之间相互作用形成的一个不可分割的自然整体，包括森林生态系统、草原生态系统、湿地生态系统、河湖生态系统、农田生态系统、海洋生态系统、城市生态系统等。生态系统安全是指生态系统及复合生态系统功能稳定发挥、不受威胁。生态系统的破坏会导致生态退化、生物多样性降低、环境恶化等诸多问题。

（三）人居环境安全

人居环境安全主要指人类赖以生存的水、大气、土壤等环境健康、风险可控，包括水生态安全、土壤生态安全、大气环境安全、海洋环境安全等。其中，水生态安全包括水量安全和水质安全。水量安全是指水量能够满足人们日常生活、生产，以及生态环境用水需求的状态。水质安全既包括饮用水水质安全，又包括其他与人类生产生活相关的水质安全。土壤生态安全是指防治土壤污染和保持土壤生命力。大气环境安全是指大气环境处于无害或者低风险状态，保障公众健康、生态系统稳定和社会经济可持续发展。海洋环境安全是指海洋自然环境、资源开发环境以及维权保障环境等的安全。

（四）全球化生态环境应对安全

全球变暖对世界各地的生态环境都构成了严重威胁。比如，全球变暖带来的极端天气事件可能会破坏物种的栖息地、改变物种的生存范围；全球变暖带来的海水酸度上升会对海洋生态系统产生严重影响。此外，全球经济一体化在推动经济发展的同时，也使得一些生态环境问题全球化。全球化生态环境应对安全是指在应对全球气候变暖、跨境生态环境治理问题等全球化生态挑战中应对有方、不受掣肘。

知识拓展

碳达峰和碳中和

碳达峰是指二氧化碳年排放量出现峰值拐点，并在经历平台期后持续下降的过程，意味着经济社会发展与二氧化碳排放的脱钩，一般出现在工业化、城镇化的中后期，计算峰值时不考虑碳抵消和碳汇。碳中和一般是指温室气体年排放量通过技术和政策创新大幅削减之后，剩余的少量二氧化碳排放以自然系统碳汇或工程碳移除技术实现抵消，意味着人类活动对碳平衡的干扰降到极低水平。

习近平在2020年9月22日第75届联合国大会上向全世界宣布，中国二氧化碳排放力争于2030年前达到峰值，努力争取2060年前实现碳中和。这是党中央经过深思熟虑作出的重大战略决策，事关中华民族永续发展和构建人类命运共同体。实现碳达峰、碳中和是一场广泛而深刻的经济社会系统性变革，要把碳达峰、碳中和纳入经济社会发展和生态文明建设整体布局。

二、新时代维护生态安全面临的风险挑战

（一）自然生态安全边界受到挤压

城镇化的加快推进、基础设施的大量建设和矿产资源开发强度的加大，使一些提供水源涵养、生物多样性维护、水土保持、防风固沙、海岸生态稳定等功能的生态功能重要区域不断受到挤占，对地区生态安全构成威胁。近年来，灌丛、草地、湿地等自然生态空间减少，河湖湿地面积萎缩，部分中小河流断流长度增加和周期加长等问题依然存在，大陆自然岸线保护形势依然严峻；一些受威胁的动植物物种尚未得到有效保护，生物遗传资源丧失、流失的趋势尚未得到根本遏制。

（二）环境污染形势仍然突出

近些年来，我国大气、土壤、水污染防治行动取得显著成效。大气污染物排放总量得到有效控制，但空气质量改善成效还不稳固，大气污染防治的长期性、复杂性、艰巨性依然存在。全国土壤环境风险得到基本管控，但土壤污染防治历史欠账多、治理难度大、工作起步晚、技术基础

差，土壤污染防治面临的挑战和困难仍非常突出。主要流域水质虽已得到明显改善，但部分湖泊和地下水水质仍堪忧。此外，突发性水污染事件仍时有发生，并呈现出传统污染与新型污染并存、单一污染向复合型污染转变的局面。

（三）生态系统效能仍然偏低

改革开放以来特别是进入新时代以来，我国生态系统功能及其对经济社会发展的保障功能持续提升。我国森林覆盖率快速提升，成为世界上增速最快的地区，水土流失治理成效也极其显著。但必须看到，我国森林覆盖率仍然低于全球平均水平，而且森林资源分布不均、结构不合理、质量不高的问题依然存在，森林生态系统功能的稳定性还不强，草原生态脆弱的形势依然严峻，进一步提高水土流失治理水平的难度也不断加大。同时，受全球气候变化影响，近些年来我国极端天气事件时发，对维护生态系统的质量和功能稳定带来严峻挑战。

（四）气候变化不利影响仍在加剧

气候变化正在成为全球发展和安全最重大的威胁之一，引发粮食短缺、能源危机、水资源匮乏、气候难民、基础设施受损以及政府治理能力下降等问题，对国家安全造成严重威胁。政府间气候变化专门委员会（IPCC）第六次评估报告（AR6）揭示，温室气体排放处于人类历史上最高水平，全球平均气温已比工业化前（1850年至1900年）高出了约1.1 ℃。世界气象组织正式确认，2023年是有记录以来最暖的一年，全球年均温度高于工业化前水平1.45 ℃（±0.12 ℃）。在过去50年里，有记录的灾难数量增加了5倍，经济损失增加了7倍。气候变化导致更频繁、更严重的极端天气事件，给自然和人类系统造成的部分破坏已经不可逆，全球约一半的物种开始向两极或更高海拔地区迁徙。极端天气事件影响到城市和基础设施安全、水资源安全、粮食安全、人体健康等。应对全球气候危机，需要国际社会共同努力。

三、新时代维护生态安全的途径和方法

（一）加大环境污染综合治理

以解决大气、水、土壤污染等突出问题为重点，坚持精准治污、科学治污、依法治污，持续深入打好蓝天、碧水、净土保卫战。以细颗粒物控制为主线，大力推进多污染物协同减排。统筹水资源、水环境、水生态治理，深入推进长江、黄河等大江大河和重要湖泊保护治理。开展土壤污染源头防控行动，严防新增污染，逐步解决长期积累的土壤和地下水严重污染问题。强化固体废物和新污染物处理，推动实现城乡"无废"、环境健康。

（二）加快推进生态保护修复

从生态系统整体性出发，深入实施山水林田湖草沙一体化保护和系统治理。加快实施重要生态系统保护和修复重大工程，推行草原森林河流湖泊湿地休养生息。健全全国生物多样性保护网络，实施生物多样性保护重大工程，提升生态系统质量和稳定性。统筹优化农业、生态、城镇等各类空间布局。坚守生态保护红线，强化执法监管和保护修复。科学开展大规模国土绿化行动，加大草原和湿地保护修复力度，加强荒漠化、石漠化和水土流失综合治理。

> 生态是统一的自然系统，是相互依存、紧密联系的有机链条。人的命脉在田，田的命脉在水，水的命脉在山，山的命脉在土，土的命脉在林和草，这个生命共同体是人类生存发展的物质基础。一定要算大账、算长远账、算整体账、算综合账，如果因小失大、顾此失彼，最终必然对生态环境造成系统性、长期性破坏。
>
> ——习近平在全国生态环境保护大会上的讲话
>
> （2018年5月18日）

(三)提高生态环境治理体系和治理能力现代化水平

完善国家生态安全工作协调机制,加强与经济安全、资源安全等领域协作,健全国家生态安全法治体系、战略体系、政策体系、应对管理体系,提升国家生态安全风险研判评估、监测预警、应急应对和处置能力,形成全域联动、立体高效的国家生态安全防护体系。加强生态安全国际合作,参与环境国际公约谈判,加强与世界各国、区域和国际组织在全球生态环境和区域生态环境治理领域的对话交流与务实合作,积极参与国际生态保护规则制定,引导完善国际生态治理体系和规则,共同构建人与自然生命共同体。

浙江持续深化实施"千万工程"推动乡村共富共美

(四)加快气候安全保障体系建设

贯彻落实总体国家安全观,统筹传统安全和非传统安全问题,加快将气候安全纳入国家安全体系进行一体化规划建设。研究制定国家气候安全战略,增强气候安全风险管控能力,大力提升适应气候变化能力。加强气候变化观测网络建设,强化监测预测预警和影响风险评估。持续提升农业、健康和公共卫生等领域的气候韧性,加强基础设施与重大工程气候风险管理。深化气候适应型城市建设,推进海绵城市建设,强化区域适应气候变化行动。

第三节 筑牢资源安全屏障

资源是经济社会发展的重要物质基础。维护资源安全是一项长期的战略任务,要全面推进能源供给多元化战略,促进资源节约集约利用,提高资源利用效率,重视资源的再生循环利用,加强资源储备,加强科技创新与国际资源合作贸易,不断筑牢我国资源安全屏障。

一、资源安全的科学内涵

（一）可再生资源安全

可再生资源安全主要由水资源安全、土地资源安全、生物资源安全以及新能源安全等构成。水资源安全主要包括水量安全、水质安全和供水系统应急保障能力三个方面，是指国家或区域利益不因洪水灾害、干旱缺水、水质污染、水环境破坏等遭受严重损失，水资源的自然循环过程和系统不受破坏或严重威胁，能够满足国家或区域国民经济和社会可持续发展的需要。土地资源安全主要包括土地数量安全、质量安全和结构安全，是指国家或区域拥有长期、持续和稳定生产能力的土地资源，能够对其实现可持续发展提供稳定良好的供给保障能力。土地资源虽然属于可再生资源，但又有不可再生的一面，土地一旦被污染或发生荒漠化等，短期内是无法恢复的。生物资源是国家的战略性资源，是指生物圈中对人类具有一定经济价值的动物、植物、微生物有机体以及由它们组成的生物群落。生物资源安全主要是指通过加强对生物资源采集、保藏、利用、对外提供等活动的监督和管理，使生物资源得以持续利用。此外，风电、光伏发电等新能源产业技术持续发展进步，产业应用规模也快速增长，将对保障资源安全起到重要作用。新能源安全主要是指新能源开发利用过程中的安全性问题以及新能源供给的可靠性与稳定性问题。

（二）不可再生资源安全

不可再生资源安全是指一个国家或地区产业链供应链保持稳定畅通，可以持续、稳定、及时、足量和经济地获取所需不可再生资源的状态。经人类开发利用后，在短期内无法恢复的资源，称为不可再生资源。不可再生资源的形成、再生过程非常缓慢，相对于人类历史而言，几乎不可能再生，如矿产资源以及煤炭、石油、天然气等化石燃料。不可再生资源终有耗竭之日，需要通过建立多元供应体系，改变大量消耗不可再生资源的生产方式，保障我国资源安全。

二、新时代维护资源安全面临的风险挑战

(一)资源供需矛盾形势仍然严峻

我国人均资源量少,资源短缺形势依然严峻,资源供需矛盾依然突出。我国土地资源绝对量大,但人均耕地面积少,仅为世界的 1/3;我国矿产资源相对丰富,但人均占有量仅为世界的 3/5 左右;我国水资源总量居全球第 6 位,但人均占有量仅为世界的 1/4。同时,我国资源分布不均,资源分布与消费市场逆向分布。比如,煤炭、油气、水电等资源主要分布在华北、西北、西南地区,而消费主要集中在东南地区,制约了能效提升。随着社会经济的快速发展,资源消耗量不断增加,资源供需形势将更加严峻。

(二)资源对外依存度较高

我国是一个富煤、贫油、少气的国家,石油、天然气和部分矿产资源对外依存度不断攀升,能源资源安全面临的压力持续加大,这严重影响着我国经济社会的高质量发展。当前,我国资源安全形势愈发严峻,资源保障和资源安全能力建设也更加迫切。

(三)资源过度开发,利用水平不高

我国绝大多数资源都面临过度开发的问题。比如,一些农业资源过度开发、透支严重;近海渔业资源过度开发,近海资源持续衰退,部分水域呈现出生态荒漠化趋势;耕地草原河湖资源长期过度开发,资源承载力降低,可持续发展能力减弱;矿产资源开发强度远超全球平均水平,储量下降较快。同时,我国资源利用效率、矿产资源总回收率、工业用水重复利用率等效率指标,与世界先进水平相比明显偏低;单位国内生产总值能耗与世界先进水平相比明显偏高。对资源的过度开采和粗放利用,会导致生态环境危机,最终威胁经济社会的可持续发展。

三、新时代维护资源安全的途径和方法

（一）推进能源革命，确保能源安全

能源是工业的粮食、国民经济的命脉、民生改善的保障，是人类文明进步的物质基础和动力源泉，也是推进碳达峰碳中和的主战场。党的二十大报告提出，深入推进能源革命，加强煤炭清洁高效利用，加大油气资源勘探开发和增储上产力度，加快规划建设新型能源体系，统筹水电开发和生态保护，积极安全有序发展核电，加强能源产供储销体系建设，确保能源安全。这为深入推进能源革命、加快调整能源结构指明了战略方向。要抑制不合理能源消费，完善能源消耗总量和强度调控，重点控制化石能源消费，落实节能优先方针，树立勤俭节约的消费观，加快形成能源节约型社会。要推进能源供给多元化战略，在新能源安全可靠替代基础上，有计划分步骤降低传统能源比重，立足国内多元供应保能源安全，形成煤、油、气、核、新能源、可再生能源多轮驱动的能源供应体系。要加强主要能源的战略储备，应对传统安全和非传统安全领域的威胁对国际能源市场的直接冲击与次生灾害，推进"一带一路"能源合作，多元拓展油气进口来源，维护战略通道和关键节点安全，不断提高维护能源安全的能力和水平。

（二）推进各类资源节约集约利用

积极推广应用节地技术和模式，提高土地节约集约利用水平，完善激励机制和政策，培育节地模式和节地典型。实施国家节水行动，贯彻落实全面节约战略，全面提升水资源利用效率，形成节水型生产生活方式，健全完善节水支持政策，加强水资源优化配置和统一调度。加强海洋空间规划，科学、节约、集约开发利用海域资源、海岛资源、海岸带资源。促进矿产开发合理布局和结构优化，促进规模开采与集约经营，建立健全矿业节约集约技术规范标准体系，加快节能技术研发和推广应用，提高矿产资源节

镓锗出口管制，为何事关国家安全？

约与综合利用水平，完善资源价格形成机制。加快建立健全能够充分反映市场供求和资源稀缺程度、体现生态价值和环境损害成本的资源价格机制。完善支持绿色发展的财税、金融、投资、价格政策和标准体系，健全资源环境要素市场化配置体系，加大对节地、节水、节能、节矿的经济调节作用。

（三）利用好国内国际两个市场两种资源

要加大资源勘查力度，增加国内资源储备，增加资源可利用总量，增强资源调配能力，提升战略性资源供应保障能力；依托我国超大规模市场优势，以国内大循环吸引全球资源要素，增强国内国际两个市场两种资源联动效应，增强全球资源配置能力，增强话语权和定价权。

第四节　筑牢国家网络安全屏障

当前，网络安全成为关乎全局的重大问题。网络事关国家安全、社会经济发展以及人民群众工作和生活，正在深刻改变和重塑人们的生产生活方式，为经济社会发展注入了新动能。随着网络技术的深入发展，网络已经渗透到社会经济生活的各个领域，并相互交织、深度融合，带来一系列新问题、新威胁、新风险与新挑战。习近平指出："网络安全牵一发而动全身，深刻影响政治、经济、文化、社会、军事等各领域安全。没有网络安全就没有国家安全，就没有经济社会稳定运行，广大人民群众利益也难以得到保障。"[①] 筑牢国家网络安全屏障，就是要把网络、人工智能、数据安全作为国家安全体系的神经脉络去捍卫，全面加强网络安全保障体系和能力建设，坚决维护国家网络安全，更好地保障各领域的国家安全工作。

---

① 中共中央党史和文献研究院编：《习近平关于网络强国论述摘编》，中央文献出版社 2021 年版，第 97—98 页。

一、国家网络安全的科学内涵

（一）网络安全

网络安全要保证网络系统的硬件、软件及其承载的应用、服务和在网络上传输信息的安全，包括网络运行安全和网络信息安全。网络运行安全是指网络信息处理和传输系统（如网络服务器、路由器、交换机等）连续、可靠、正常地运行，避免因为偶然的原因或者恶意的攻击，使得网络运行系统受到损坏，导致系统存储、处理和传输的数据发生破坏和损失；避免由于电磁泄漏产生信息泄露，干扰他人或受他人干扰。网络信息安全是指通过采取信息过滤、舆情监测等措施，对网络的违法和不良信息进行管控，防范化解该类信息传播所产生的风险。

（二）人工智能安全

人工智能安全就是要确保人工智能系统的安全性、可靠性和可控性，具有技术和社会双重属性。从技术属性来看，人工智能安全主要体现在系统本身的稳健性和稳定性、可预测性、数据防泄露和篡改、隐私保护、网络运行的安全，保证人类对系统的最终控制权，以及提高算法模型的透明度和可解释性等方面。从社会属性来看，人工智能系统的设计、研发、实施和推广应坚持以人为本、智能向善原则，符合可持续发展理念，以促进社会安全和人民福祉为目标，以尊重人的尊严和权益为前提，防范和化解由于技术的不确定性和应用的广泛性带来的改变就业结构、冲击法律和社会伦理、侵犯个人隐私、挑战国际准则等问题。

（三）数据安全

随着人工智能等新兴科学技术的迅速发展及其在生产生活中的广泛运用，互联网数据量呈爆发式增长态势。数据在创造价值的同时，也面临着日益突出的安全问题。数据安全要保证数据的机密性、完整性和可用性，包括保证数据在存储、传输、应用等各阶段的机密性、完整性和可用性；通过采用身份鉴别、访问控制、权限划分、数据分类分级、数据加密等措施，避免某些隐私、敏感或保密的数据被不具备资格的人员甚至不法分子访问，造成数据泄密等后果。

二、新时代维护国家网络安全面临的风险挑战

（一）网络与人工智能核心技术仍然较为薄弱

当前，互联网核心技术受制于人是我国网络安全领域的重大隐患。随着科学技术的快速发展，网络与人工智能从基础研究、应用研究到产业化应用的节奏大大加快，各环节互动、渗透的特征更加明显，新技术新成果不断涌现并加速应用。但我国在芯片、操作系统、基础零部件、基础工艺、基础材料等方面，以及部分重点产业领域核心技术长期受制于人，形势十分严峻。近些年来，个别西方国家对我国的科技打压遏制影响了我国在网络与人工智能等方面的发展，解决好关键核心技术"卡脖子"问题、实现高水平科技自立自强刻不容缓。

（二）网络意识形态斗争空前激烈

互联网已经成为意识形态斗争的主阵地、主战场、最前沿。境外敌对势力利用互联网传播速度快、成本低、隐蔽性强、受众面广的特点，把互联网当成向中国渗透西方意识形态的"角力场"，大肆攻击抹黑、造谣污蔑，企图破坏我国稳定大局，使网上舆论环境错综复杂。当前，各类社会风险向网络空间传导趋势明显，一些社会热点问题和突发事件在网上集聚、交织、扩散、发酵，反过来又诱导、策动、激化网下问题，互联网日益成为各类风险的传导器和放大器。习近平指出，"过不了互联网这一关，就过不了长期执政这一关"[①]。在互联网这个战场上，我们能否顶得住、打得赢，直接关系国家政治安全，关系民族长治久安。

[①] 《习近平著作选读》第一卷，人民出版社2023年版，第453页。

（三）网络攻防成为国家博弈新方式

网络空间已成为国家博弈的新战场，网络攻防也成为博弈的新方式。网络攻防包括技术、内容、传播工具等多种方式的运用。具有网络优势的国家可以利用网络把自身的制度、观念、价值、文化等强加于其他国家，并污蔑、打击、遏制竞争对手，兵不血刃地攻击破坏对方的指挥、军事、情报等系统，悄无声息地使对方金融体系紊乱、电力中断、交通瘫痪，网络攻防逐渐成为国家博弈中的常规性对抗方式。另外，针对数据的网络攻击日趋严重，涉及国计民生的重要数据成为攻击者的重要目标，境外间谍情报机关通过"购买"数据、漏洞、工具等方式拉拢引诱境内机构、人员实施违法犯罪，严重威胁国家安全。

典型案例

（四）网络违法犯罪活动危害严重

随着信息技术的发展与普及，网络违法犯罪呈现出组织化、专业化、手段多样、隐蔽性强的特点。近年来，经过持续严厉打击和专项治理，网络违法犯罪活动得到有效遏制，但网络诈骗、网络传销、网络赌博、网络黑客、网络水军、网络谣言等仍然层出不穷，犯罪形式多样，所涉对象众多，给人民群众带来严重财产损失。一些电信网络诈骗犯罪集团利用少数大学生法律知识欠缺、求职心切等特点，引诱个别大学生实施非法入侵、窃取网络信息，利用网络信息诈骗、敲诈勒索他人财产等违法犯罪行为，酿成严重后果，使个人和家庭付出沉重代价。

（五）人工智能快速发展带来一系列社会性问题

人工智能的快速发展与广泛应用导致一系列新问题的出现。比如，人工智能可能会替代部分劳动，引发结构性失业；人工智能算法可能利用算法歧视造成对特定群体的不公正对待，破坏市场公平竞争环境；在自动驾驶、医疗、虚拟现实等领域，都已经产生由人工智能的应用而带来的责任难以认定及责任主体相互推诿的问题；人工智能技术与大数据的结合使个人隐私更容易被侵犯，数据隐私保护变得愈发迫切。以ChatGPT为例，它的诞生是人工智能具有革命性的进步之一，但 ChatGPT 的使用在学术伦理规范、法律风险、算法歧视、社会公平等方面也带来新的风险挑战，必须引起足够重视。

三、新时代维护国家网络安全的途径和方法

（一）不断深化对网络强国建设的规律性认识

习近平关于网络强国的重要思想是维护我国网络安全的根本指导思想。这一重要思想，明确了网信工作在党和国家事业全局中的重要地位，明确了网络强国建设的战略目标，明确了网络强国建设的原则要求，明确了互联网发展的国际主张，明确了做好网信工作的基本方法，是做好新时代网信工作的根本遵循。习近平关于网信工作的重要指示，明确了"十个坚持"的重要原则，即坚持党管互联网，坚持网信为民，坚持走中国特色治网之道，坚持统筹发展和安全，坚持正能量是总要求、管得住是硬道理、用得好是真本事，坚持筑牢国家网络安全屏障，坚持发挥信息化驱动引领作用，坚持依法管网、依法办网、依法上网，坚持推动构建网络空间命运共同体，坚持建设忠诚干净担当的网信工作队伍，进一步丰富和发展了这一重要思想。党的十八大以来，习近平高度重视网络安全工作，强调"网络安全是国家安全的重要组成部分""要树立正确的网络安全观""网络安全是整体的而不是割裂的，是动态的而不是静态的，是开放的而不是封闭的，是相对的而不是绝对的，是共同的而不是孤立的""要筑牢网络安全防线，提高网络安全保障水平""要切实保障国家数据安全""确保人工智能安全、可靠、可控"等。这些重要论述，深刻阐述了事关网络安全的一系列重大理论问题和实践问题，为做好网络安全工作指明了前进方向。要深入学习贯彻习近平关于网络强国的重要思想，着力维护网络安全，切实筑牢国家网络安全屏障。

> 国家网络安全工作要坚持网络安全为人民、网络安全靠人民，保障个人信息安全，维护公民在网络空间的合法权益。要坚持网络安全教育、技术、产业融合发展，形成人才培养、技术创新、产业发展的良性生态。要坚持促进发展和依法管理相统一，既大力培育人工智能、物联网、下一代通信网络等新技术新应用，又积极利用法律法规和标准规范引导新技术应用。要坚持安全可控和开放创新并重，立足于开放环境维护网络安全，加强国际交流合作，提升广大人民群众在网络空间的获得感、幸福感、安全感。
>
> ——习近平对国家网络安全宣传周作出的指示
>
> （2019年9月15日）

（二）加大网络与人工智能核心技术研发力度

网络信息技术是全球研发投入最集中、创新最活跃、应用最广泛、辐射带动作用最大的技术创新领域，是全球技术创新的竞争高地。我国要顺应这一趋势，大力发展核心技术。通过科技研发投入产出机制和科研成果转化机制，实施网络信息领域核心技术设备攻坚战略，在推动人工智能技术、高性能计算、移动通信、量子通信、核心芯片、操作系统等研发和应用上取得重大突破。深刻认识到人工智能的全球发展趋势，树立战略意识、安全意识，实现人工智能技术自立自强，做大做强人工智能产业。

（三）强化网络安全保障体系和能力建设

加强顶层设计，健全与完善网络安全法律法规，落实网络安全工作责任制，制定网络安全标准，明确保护对象、保护等级、保护措施。建立健全网络安全应急预案，定期开展应急演练，强化风险处置能力。加快构建关键信息基础设施安全保障体系，强化国家数据资源保护能力，依法加强对大

航空爱好者切莫变为"窃密志愿者"

数据尤其是涉及国家利益、国家安全的数据的管理。

(四) 健全网络综合治理体系，推动形成良好网络生态

通过坚持系统性谋划、综合性治理、体系化推进，基本建成涵盖领导管理、正能量传播、内容管控、社会协同、网络法治、技术治网等各个方面的网络综合治理体系，并不断深化完善，提升网络综合治理能力。加强互联网领域立法，完善网络信息服务、网络安全保护、网络社会管理等方面的法律法规，依法规范网络行为。我国已经出台多部涉及网络安全的法律法规，如《网络安全法》《数据安全法》《个人信息保护法》《电子商务法》《密码法》等，网络安全法律体系基本形成，但打击网络犯罪的司法协作机制还有待优化健全。要依法管网、依法办网、依法上网，让互联网在法治轨道上健康运行。要加强全社会网络安全法律宣传，提升人民群众的网络安全意识和风险防范能力，共筑网络安全防线。要加强网络空间治理，深入开展"清朗"系列专项行动，持续整治人民群众反映强烈的网络生态问题，加强网络伦理、网络文明建设，培育良好网络生态和网络文化环境。

(五) 建立健全保障人工智能健康发展的法律法规、制度体系和伦理规范

为加强人工智能发展的潜在风险研判和防范，维护人民利益和国家安全，提升人工智能安全治理水平，我国提出在"十四五"期间要探索建立无人驾驶、在线医疗、金融科技、智能配送等监管框架，完善相关法律法规和伦理审查规则。为此，要落实《生成式人工智能服务管理暂行办法》《互联网信息服务算法推荐管理规定》，整合多学科力量，加强人工智能相关法律、伦理、社会问题研究。人工智能监管者要提高站位，加强宏观战略研究与风险防范；人工智能研发者要坚持正确价值导向，避免可能存在的数据与算法偏见，努力实现人工智能系统的普惠性、公平性和非歧视性；人工智能技术提供者要明确告知义务，加强应急保障；人工智能产品使用者应当保证这一技术不被误用、滥用或恶用。要对各类伦理道德风险

保持高度警惕，坚持以人为本，落实科技向善理念，弘扬社会主义核心价值观。

(六) 构建网络安全教育技术产业融合发展良性生态

加强网络安全教育技术产业的统筹规划和整体布局，创新网络安全教育、技术、产业发展模式。加快国家网络安全人才与创新基地建设，建一流的网络安全学院，创新网络安全人才评价机制，加强自主创新人才培养。探索企业和高校联合培养机制，鼓励建设跨学科综合培养平台。强化网络安全技术创新，坚持国家网络安全战略需求导向，着力突破制约网络安全发展的核心技术。支持网络安全产业发展，完善网络关键设备和网络安全专用产品安全认证检测制度，推动安全认证和安全检测结果互认。建立国家统一推行的网络安全服务认证制度，建立网络安全服务定价机制，促进和规范网络安全服务市场健康发展。

(七) 加强网络空间、人工智能领域的国际合作

推动构建网络空间命运共同体，建立公平合理、开放包容、安全稳定、富有生机活力的网络空间；不断拓展网络空间伙伴关系，积极拓展与其他国家的网络事务对话机制；积极推进全球互联网治理体系改革，公平分享信息社会发展成果；深化打击网络恐怖主义和网络犯罪国际合作，协调国际社会合作打击网络恐怖主义的行为规范及具体措施；推广《全球数据安全倡议》，推动达成反映各方意愿、尊重各方利益的全球数字治理规则；倡导对隐私权等公民权益的保护，推动网络空间确立个人隐私保护原则；

人工智能安全治理

支持向广大发展中国家提供网络安全能力建设援助，加强互联网技术共享，紧密结合共建"一带一路"倡议，让更多国家和人民共享互联网带来的发展机遇。贯彻落实《全球人工智能治理倡议》，深化国际合作，解决好人工智能在法律、安全、就业、道德伦理和政府治理等方面提出的新课题。

第五节　筑牢核安全屏障

核安全事关国家安危、人民健康、社会稳定、经济发展以及大国形象和地位。当前，我国核安全总体保持稳定，但要清醒认识到，核安全风险始终存在，影响我国核安全的新因素也在不断增多。要坚持理性、协调、并进的核安全观，打造全球核安全命运共同体。

一、核安全的科学内涵

（一）保障核设施安全

核设施安全主要是指反应堆、核动力厂及装置、核燃料循环设施以及放射性废物处理、贮存、处置设施等的安全。核设施包括以下几种类型：核电厂、核热电厂、核供气供热厂等核动力厂及装置；核动力厂以外的研究堆、实验堆、临界装置等其他反应堆；核燃料生产、加工、贮存和后处理设施等核燃料循环设施；放射性废物的处理、贮存、处置设施。核设施设计应当符合核安全标准，采用科学合理的构筑物、系统和设备参数与技术要求，提供多样保护和多重屏障，确保核设施运行可靠、稳定和便于操作，满足核安全要求。

（二）确保核材料及放射性废物安全

核材料是指铀-235材料及其制品、铀-233材料及其制品、钚-239材料及其制品，以及法律、行政法规规定的其他需要管制的核材料。核材料含有大量放射性物质，核材料及相关放射性废物的所有处理、运输、贮存、处置等行政和技术活动均须依法在国家管控下进行。核设施营运单位和其他有关单位持有核材料，应当按照规定的条件依法取得许可，并采取措施，防止核材料被盗、破坏、丢失、非法转让和使用，保障核材料的安全与合法利用。对放射性废物应当分类处置，核设施营运单位、放射性废物处理处置单位应当对放射性废物进行减量化、无害化处理和处置，确保永久安全。

(三) 防止核扩散

防止核扩散主要是指限制核武器或其他核爆炸装置及控制权的扩展和传播。为了防止核扩散，1968年，联合国大会通过了《不扩散核武器条约》。作为拥有核武器的国家，我国必须提升核材料、核技术的管控能力，不断完善核出口管制体系，加强边境核辐射探测和处置能力，防范核材料和核技术扩散；必须维护国际核不扩散体系，推动妥善解决地区热点核问题，密切关注周边国家核能力发展，遏制新的核扩散态势。

二、新时代维护核安全面临的风险挑战

(一) 核事故风险威胁仍然存在

当前，我国核电机组数量、核电运维水平、新一代核电技术等都跻身世界前列。随着我国核能与核技术利用事业快速发展，维护核安全的任务也不断加重。同时，由于全球各国战略博弈加剧，国际核安全秩序受到一定冲击，核恐怖主义威胁日益凸显，诱发核事故风险的不确定不稳定因素不断增加。核事故风险包括核反应堆安全风险、核废料处理不当风险，以及核技术在农业、医疗等领域应用不当等风险。比如，核废料一旦处理不当，就会污染地下水资源等，对人类健康和生态环境造成严重危害。

知识拓展

日本福岛核事故

2011年3月11日，一场特大地震和随之而来的巨大海啸，引发了日本东京电力公司运营的福岛第一核电站的核泄漏。核事故发生

> 后,日本政府将福岛核电站周边占福岛县面积约 10% 的区域划为避难区,这一区域内辐射水平严重超标。核事故让原本物产丰饶、环境优美之地变得令人生畏,至今依然有大片土地被划为"禁区"。2012 年,日本政府根据国际核事件分级表将福岛核事故定为 7 级,这是核事故划分的最高级别。

(二)核扩散形势严峻

核扩散主要指有核国家增多或者已经拥有核武器的国家所拥有的核武器的数量增加和质量提高。随着军工科技的发展,当前世界上已有 9 个国家掌握核武器研发技术,但根据《不扩散核武器条约》的有关规定,只有 5 个联合国安全理事会常任理事国是合法拥有核武器国家。近些年来,紧张的地缘政治形势给国际核不扩散体系带来了巨大压力,全球核扩散形势异常严峻复杂。

(三)核技术、核材料扩散流失风险和核恐怖主义威胁

核能和核科学技术的广泛应用导致越来越多的核材料分散在世界各地,而一些国家和地区对这些核材料与核技术缺乏有效保护,流失现象严重。一旦恐怖分子获得核技术或核材料并发动核恐怖袭击,将对人类造成严重危害。虽然目前国际上尚未发生真正意义上的核恐怖袭击,但核材料与放射性物质丢失、被盗事件的不断发生表明,管理失控的风险始终存在。恐怖组织攻击和破坏核设施,进行核恐怖袭击的潜在风险绝不容忽视。

三、新时代维护核安全的途径和方法

(一)坚持正确核安全观,打造全球核安全命运共同体

核安全是一个全球性课题,维护核安全是世界各国的共同责任。中国

提出理性、协调、并进的核安全观，强调发展和安全并重，权利和义务并重，自主和协作并重，治标和治本并重，是核安全治理领域的重大理论创新，是推进国际核安全进程的重要里程碑，为解决核安全全球治理的根本性问题、构建核安全命运共同体指明了原则、方法和路径。要凝聚加强核安全的国际共识，对核恐怖主义零容忍、无差别，推动全面落实核安全法律义务及政治承诺，有效应对新挑战新威胁。构建以合作共赢为核心的新型国际关系，坚定推进全球安全治理，维护和平稳定的国际环境，促进各国普遍发展繁荣，坚持标本兼治、全面统筹，不断降低核与辐射安全风险，铲除滋生核恐怖主义的土壤。

（二）强化国家责任，构筑严密持久防线

发展核能是各国自主选择，各国政府应承担核安全首要责任。要从国家层面部署实施核安全战略，制定中长期核安全发展规划，完善核安全立法和监管机制，并确保相关工作得到足够投入和支持。进一步做好核安全与放射性污染防治顶层设计，完善安全法规体系，加强安全监管能力建设，建立全面、有效的核与辐射安全管控体系。培育和加强核安全文化建设，使其贯穿核事业发展全过程，深入践行安全第一、预防为主、责任明确、严格管理、纵深防御、独立监管、全面保障的核安全工作原则，使核事业中的每个人都成为维护核安全的一道坚固屏障。

（三）强化国际合作，推动协调并进势头

习近平指出："实现普遍核安全，需要各国携手努力。"[①] 核安全无国界，加强核安全国际合作是构建公平、合作、共赢的全球核安全治理体系的必然要求。在互联互通时代，没有哪个国家能够独自应对人类面临的核安全风险和挑战，也没有哪个国家可以置身事外。在尊重各国主权的前提下，所有国家都要参与到核安全事务中来，以开放包容的精神，

---

① 中共中央党史和文献研究院编：《习近平关于总体国家安全观论述摘编》，中央文献出版社2018年版，第208页。

进一步强化核安全国际交流与合作，分享技术和经验，贡献资源和平台，防范化解核恐怖主义，努力打造核安全命运共同体。

除了要筑牢上述国土安全屏障，资源安全屏障，生态安全屏障，国家网络安全屏障以及核安全屏障，还要不断筑牢生物、太空、深海和极地安全屏障。这些领域是当前科学技术发展应用最活跃的新领域，也是国家安全新的重要疆域。

> 要从保护人民健康、保障国家安全、维护国家长治久安的高度，把生物安全纳入国家安全体系，系统规划国家生物安全风险防控和治理体系建设，全面提高国家生物安全治理能力。要尽快推动出台生物安全法，加快构建国家生物安全法律法规体系、制度保障体系。
>
> ——习近平在十九届中央全面深化改革委员会第十二次会议上的讲话（2020年2月14日）

生物安全主要是指国家有效防范和应对危险生物因子及相关因素威胁，生物技术能够稳定健康发展，人民生命健康和生态系统相对处于没有危险和不受威胁的状态，生物领域具备维护国家安全和持续发展的能力，主要包括防控重大新发突发传染病和动植物疫情、生物技术研发应用、病原体微生物实验室生物安全、人类遗传资源和生物资源安全、防范外来物种入侵与保护生物多样性、应对微生物耐药、防范生物恐怖袭击与防御生物武器威胁、加强生物安全能力建设等方面。生物安全关乎人民生命健康，关乎国家长治久安，关乎中华民族永续发展，是国家总体安全的重要组成部分，也是影响乃至重塑世界格局的重要力量。一个国家如果出现生物安全问题，将会严重影响到民众健康、经济运行、社会秩序、国家安全和政局稳定。

小小基因如何引发生物安全"龙卷风"

太空安全主要是指国家的太空资产、太空权益和轨道环境免遭自然环境与人类活动所形成的威胁或侵害的状态，以及保障、维护和塑造持续安全状态的能力，主要包括太空资源的合理开发和利用、太空科学考察与技术研究等。近年来，我国积极开展"嫦娥"揽月、"天问"探火、"羲和"逐日、空间站巡天等一系列空间探索活动，不断深化人类对宇宙的认识，致力于增进人类共同福祉。太空资产是国家战略资产，要管好用好，更要保护好。要全面加强防护力量建设，提高容灾备份、抗毁生存、信息防护能力。要加强太空交通管理，确保太空系统稳定有序运行。要开展太空安全国际合作，提高太空危机管控和综合治理效能。

深海安全主要是指维护国家和平探索和利用国际海底区域，增强安全进出、科学考察、开发利用深海的能力，主要包括深海资源的合理开发和利用、深海区域科学考察与技术研究等。从"蛟龙"号到"深海勇士"号再到"奋斗者"号，从"深潜"到"深钻"再到"深网"，我国深海探测开发事业取得了举世瞩目的成绩。海洋在国家经济发展格局和对外开放中的作用更加重要，在维护国家主权、安全、发展利益中的地位更加突出，在国家生态文明建设中的角色更加显著，在国际政治、经济、军事、科技竞争中的战略地位也明显上升，是战略资源的重要基地。

极地安全主要是指维护国家和平探索和利用极地，增强安全进出、科学考察、开发利用极地的能力，主要包括极地资源的合理开发和利用、极地区域航道的探索与治理、极地区域科学考察与技术研究等。我国开展极地考察 40 年来，已建成了南极长城站、中山站、昆仑站、泰山站、秦岭站以及北极黄河站、中—冰北极科学考察站，为我国和全世界科学工作者持续探索自然奥秘、勇攀科学高峰提供有力保障。极地是各方合作的新疆域。我国继续同国际社会一道，更好地认识极地、保护极地、利用极地，为造福人类、推动构建人类命运共同体作出新的更大贡献。

生物、太空、深海和极地领域具有丰富的资源、广阔的空间，蕴藏着巨大价值。这些重点领域涉及现实与潜在的重大国家利益，是未来国际竞争的新焦点，必须加快相关领域的科技创新、产业化应用和人才培养。要加快推进生物安全领域科技自立自强，打造国家生物安全战略科技力量。要加快新一代载人火箭、载人飞船、空间站等研制，实施载人登月、小行星探测、火星取样返回、探测木星系等重大任务。要加快深海、极地资源考察过程中的深海下潜设备、深海钻井设备、深海探测设备、极地考察船、破冰船等基础设施设备建设。要在《生物安全法》《深海海底区域资源勘探开发法》《中国的北极政策》《中国的南极事业》等法律法规和重要文件基础上加强战略性规划，建立健全相关领域安全法律法规体系。要秉持和平、主权、普惠、共治原则，不断推进重点领域安全的国际合作，积极参与全球治理，增强全球治理话语权，使这些领域的治理朝着有利于我国国家利益和人类利益的方向发展，维护国家安全和世界和平。

 思考题

1. 如何理解国土安全的科学内涵？
2. 如何看待发展新能源对于保障生态安全和资源安全的作用？
3. 结合使用网络和手机的经历，谈谈应如何维护网络、人工智能、数据安全。
4. 结合日本福岛核事故，谈谈你对维护核安全面临的风险挑战的认识。
5. 为什么说生物、太空、深海和极地安全是国家安全新的重要疆域？

第十章 争做总体国家安全观坚定践行者

新时代大学生是中华民族伟大复兴进程的见证者和参与者，更是中国特色社会主义事业的建设者和主力军。必须坚持不懈深入学习贯彻总体国家安全观，树立对中国特色国家安全道路的坚定信念，自觉做总体国家安全观的坚定践行者，切实担负起维护和塑造国家安全的时代责任，让青春在为祖国、为民族、为人民、为人类的不懈奋斗中绽放绚丽之花。

第一节 增强国家安全意识，坚持国家利益至上

在中国共产党领导下，一代代优秀青年义无反顾地投身国家安全事业，维护国家主权、安全、发展利益，为我国国家安全事业作出重要贡献。面对新形势、新任务和新挑战，新时代大学生要进一步增强国家安全意识，坚持国家利益至上，不断书写新时代中国青年新的担当作为。

> 青年的人生目标会有不同，职业选择也有差异，但只有把自己的小我融入祖国的大我、人民的大我之中，与时代同步伐、与人民共命运，才能更好实现人生价值、升华人生境界。离开了祖国需要、人民利益，任何孤芳自赏都会陷入越走越窄的狭小天地。
>
> ——习近平在纪念五四运动100周年大会上的讲话
> （2019年4月30日）

一、认识国家安全是最大的安全

（一）认真学习马克思主义国家学说

马克思主义国家学说是认识和分析国家问题的科学理论武器。要运用马克思主义国家学说的基本原理深入认识国家的本质、职能以及社会主义国家的显著制度优势，在国家问题上始终保持理论上的清醒，树牢国家安全是最大的安全这一正确认识的理论基础。要深刻认识到，国家安全是国家发展的最重要基石，也是各种安全形态中最大的安全。只有在保障国家安全的基础上，才能谈得上国家发展。很难想象，一个四分五裂、无法维护自身安全的国家能够实现发展，即便有所谓的发展，也必然只能是依附发展、片面发展和畸形发展。

（二）深刻掌握总体国家安全观的实践要求

要在深入系统学习总体国家安全观的基础上，全面了解在世界进入新的动荡变革期的复杂形势下维护国家安全的现实紧迫性及其实践要求，把握新时代新征程上我国国家安全面临的主要风险挑战和党领导国家安全工作的重大战略部署。在总体国家安全观的理论武装下，积极参与维护和塑造国家安全的工作，在学习和生活中不断树牢国家安全是最大的安全这一正确认识的实践基础。

（三）全面把握党的人民立场

人民立场是中国共产党人民至上理念的要求和反映，也是新时代坚持和发展中国特色社会主义的根本立场。必须自觉坚守人民立场，坚持和贯彻以人民为中心的发展思想，深入认识最大的国家安全是人民江山的安全，捍卫国家安全在根本上就是捍卫人民的江山，始终坚持以人民安全为宗旨践行总体国家安全观，树牢国家安全是最大的安全这一正确认识的价值基础。

二、把握国家利益是最根本的利益

（一）科学认识中国国家利益的内涵

国家利益是指对一个国家生存和发展具有根本性、整体性和全局性影响的利益。由于国家的性质不同，意识形态、社会制度和历史发展各不一样，各国的国家利益在性质上具有根本差异，对国家利益的理解和认识也往往存在分歧。中国国家利益在根本上主要是指国家的主权和领土完整，实现祖国完全统一，建设社会主义现代化国家，实现中华民族伟大复兴。中国共产党坚持把捍卫国家利益和实现国家利益相统一，以国家核心利益为底线维护国家主权、安全、发展利益，是国家利益的坚定捍卫者、实现者和发展者。

（二）深入认识实现中华民族伟大复兴是中国国家利益的集中体现和根本要求

实现中华民族伟大复兴，是近代以来中华民族最伟大的梦想。一百余年来，中国共产党团结带领中国人民进行的一切奋斗、一切牺牲、一切创造，归结起来就是一个主题：实现中华民族伟大复兴。中国特色社会主义进入新时代，中华民族伟大复兴迎来了前所未有的光明前景，进入了不可逆转的历史进程。在中国共产党领导下，全面建设社会主义现代化国家，以中国式现代化全面推进中华民族伟大复兴，是中国国家利益的集中体现和根本要求，是中华民族的最高利益和根本利益。

（三）正确认识中国国家利益与人类利益的高度一致性

中国国家利益既立足于中华民族伟大复兴，又呈现出深厚博大的人类情怀，与人类利益高度统一、同频共振。在推动构建人类命运共同体的过程中，中国向世界郑重承诺走和平发展道路，做世界和平的建设者、全球发展的贡献者、国际秩序的维护者，并不断向世界重申：中国无论发展到什么程度，永远不称霸、不扩张、不谋求势力范围，不搞军备竞赛。中国既立足推动实现中华民族伟大复兴，又不断通过自己的发展推动构建人类命运共同体，开创人类文明新形态，这是基于国家利益对人类利益的认识和升华。我国是世界上最大的社会主义国家，当我国建成社会主义现代化强国、成为当今世界上第一个不是走资本主义道路而是走社会主义道路成功建成的现代化强国时，中国共产党领导人民在中国进行的伟大社会革命将更加充分地展示出其深远的历史意义。只有在坚定捍卫和实现国家利益的基础上深入思考和把握人类前途命运，新时代大学生才能在创造人类文明新形态的广阔舞台上书写精彩人生华章。

知识拓展

全球文明倡议

——共同倡导尊重世界文明多样性，坚持文明平等、互鉴、对话、包容，以文明交流超越文明隔阂、文明互鉴超越文明冲突、文明包容超越文明优越。

——共同倡导弘扬全人类共同价值，和平、发展、公平、正义、民主、自由是各国人民的共同追求，要以宽广胸怀理解不同文明对价值内涵的认识，不将自己的价值观和模式强加于人，不搞意识形态对抗。

——共同倡导重视文明传承和创新，充分挖掘各国历史文化的时代价值，推动各国优秀传统文化在现代化进程中实现创造性转化、创新性发展。

——共同倡导加强国际人文交流合作，探讨构建全球文明对话合作网络，丰富交流内容，拓展合作渠道，促进各国人民相知相亲，共同推动人类文明发展进步。

三、在筑牢国家安全意识中坚定捍卫国家利益

（一）不断厚植爱国主义情怀

习近平指出："我们的教育绝不能培养社会主义破坏者和掘墓人，绝不能培养出一些'长着中国脸，不是中国心，没有中国情，缺少中国味'的人！那将是教育的失败。教育的失败是一种根本性失败。"[①] 要防范和避免这种结果，确保按照社会主义建设者和接班人的要求源源不断地培养一代又一代健康成长的时代新人，必须不断加强爱国主义教育。爱国主义是中华民族的民族心、民族魂。新时代大学生要厚植爱国主义情怀，用习近平新时代中国特色社会主义思想武装头脑，夯实增强国家安全意识和坚持国家利益至上的思想基础。

（二）正确认识和科学把握新时代国家利益面临的风险挑战

新时代我国国家利益既面临来自国内经济、政治、意识形态、社会以及自然界的各种风险挑战，也面临来自国际经济、政治、军事的风险挑战，还面临来自国际国内相结合形成的风险挑战。在复杂的发展环境中维护国家利益，必须坚持总体国家安全观的指导，用科学的方法分析、解决各种安全问题；在参与和推进新时代伟大斗争过程中，要绷紧国家安全这根弦，树牢"国家安全无小事"的理念，以强烈的担当精神依法维护国家安全和国家利益。

典型案例

（三）树牢构建人类命运共同体的时代自觉

构建人类命运共同体是新时代坚持和发展中国特色社会主义的基本方略之一。大学生要在自身成长与国家发展的结合中、在中国与世界的结合中、在中华民族伟大复兴和人类发展的结合中深刻认识构建人类命运共同体的思想伟力和实践伟力，在深化民族情怀的同时不断锤炼人类情怀，增强构建人类命运共同体的时代自觉，既肩负起建设祖国的使命，又承担起

---

① 《习近平著作选读》第二卷，人民出版社2023年版，第195页。

为世界、为人类作贡献的责任。

第二节　增强忧患意识，发扬斗争精神

习近平指出："学校是意识形态工作的前沿阵地，可不是一个象牙之塔，也不是一个桃花源。"[①] 对新时代大学生来说，增强忧患意识，发扬斗争精神不是抽象的、空洞的，而是有着具体的、丰富的时代内涵，体现出时代发展对大学生成长的规律性要求。

一、忧患意识是中华民族的重要精神特质

忧患意识是中华民族的重要精神特质，是贯穿中华民族发展史的鲜明精神主线和深厚战略文化。《孟子·告子下》曰："入则无法家拂士，出则无敌国外患者，国恒亡。然后知生于忧患而死于安乐也。"对国家兴亡的强烈忧患意识激励着中华民族无论处于什么样发展时期、什么样发展阶段、什么样发展处境，都始终以不放弃、不懈怠的精神状态和斗争姿态，捍卫民族生存、推动民族发展、繁荣民族文明，创造出一系列伟大成就，为人类文明发展不断作出中华民族卓越贡献。

中华民族发展史充分表明，一个民族之所以伟大，根本就在于在任何困难和风险面前都从来不放弃、不退缩、不止步，百折不挠为自己的前途命运而奋斗。从百万年人类史、一万年文化史和五千多年文明发展的苦难辉煌中磨练出来的中华民族，必将在新时代伟大征程上一路向前，任何人、任何势力都不能阻挡中国人民实现中华民族伟大复兴的坚强决心和实

---

① 习近平：《思政课是落实立德树人根本任务的关键课程》（2019年3月18日），人民出版社2020年版，第6页。

现更加美好生活的前进步伐。习近平高度强调忧患意识在中华民族伟大复兴事业进程中的战略重要性，多次指出，我们决不能安于现状、贪图安逸、乐而忘忧，必须不忘初心、牢记使命、奋发有为，努力创造属于新时代的光辉业绩。在新时代新征程上，我们必须增强忧患意识、始终居安思危，贯彻总体国家安全观，统筹发展和安全，深刻认识我国国家安全面临的深刻复杂严峻的形势，敢于斗争，善于斗争，逢山开道、遇水架桥，勇于战胜前进道路上的一切风险挑战。

> 中华文明的统一性，从根本上决定了中华民族各民族文化融为一体、即使遭遇重大挫折也牢固凝聚，决定了国土不可分、国家不可乱、民族不可散、文明不可断的共同信念，决定了国家统一永远是中国核心利益的核心，决定了一个坚强统一的国家是各族人民的命运所系。
> ——习近平在文化传承发展座谈会上的讲话
> （2023年6月2日）

新时代大学生长期生活在和平环境中，没有体验过民族处于生死存亡的苦难，没有经历过血与火的考验，人生阅历也较为有限。因此，必须不断加强忧患意识的养成，使忧患意识成为自身鲜明的精神品质，在深刻的忧患意识中践行总体国家安全观，积极维护国家安全和国家利益。

二、在发扬斗争精神中不断增长才干

坚持敢于斗争是中国共产党百余年奋斗的重要历史经验。斗争精神既立足于伟大斗争，是伟大斗争的产物，又对伟大斗争起了巨大的精神引领作用。在斗争精神的引领和感召下，党团结带领中国人民取得一个又一个伟大胜利，创造了新民主主义革命、社会主义革命和建设、改革开放和社

会主义现代化建设、新时代中国特色社会主义伟大成就，以"为有牺牲多壮志，敢教日月换新天"的大无畏气概，不断续写中华民族发展史的恢宏史诗。

刀在石上磨，人在事上练。斗争精神是新时代大学生在成长过程中必须具备的精神品质，只有在斗争中才能不断经历风雨、逐步成长，也只有在斗争中才能不断增长才干，锻炼服务祖国、服务人民和推进中华民族伟大复兴的真才实学。大学生要加强对马克思主义世界观的学习，相信科学、学习科学、传播科学，树立正确的人生观、价值观。要在攀登知识高峰中追求卓越，在肩负时代重任时务实苦干，在真刀真枪的实干中成就一番事业。这是新时代大学生在斗争中增长才干的基本要求。

纵观党领导人民百余年奋斗的历史进程，可以发现，在中国共产党的旗帜下，一代代中国青年把青春奋斗融入党和人民的壮美事业，成为实现中华民族伟大复兴的先锋力量。新时代的中国青年要以实现中华民族伟大复兴为己任，增强做中国人的志气、骨气、底气，不负党和人民的殷切期望。新时代大学生有责任、有义务在习近平新时代中国特色社会主义思想的科学指导和精神感召下，在传承中发扬斗争精神，加强思想上的淬炼、政治上的历练、实践上的锻炼和专业上的训练，不断增长自己的才干和斗争本领，争做有理想、敢担当、能吃苦、肯奋斗的新时代好青年，在推进强国建设、民族复兴伟业中书写青年一代维护和塑造国家安全的奋斗人生。

三、把握好忧患意识和斗争精神的时代要求

（一）明大势

中国特色社会主义进入新时代，这是我国发展新的历史方位。新时代是承前启后、继往开来、在新的历史条件下继续夺取中国特色社会主义伟大胜利的时代，是决胜全面建成小康社会、进而全面建成社会主义

现代化强国的时代，是全国各族人民团结奋斗、不断创造美好生活、逐步实现全体人民共同富裕的时代，是全体中华儿女勠力同心、奋力实现中华民族伟大复兴中国梦的时代，是不断为人类作出更大贡献的时代。准确理解新时代的内涵和意义、深刻把握新时代新征程的使命任务，新时代大学生就能明确当代中国发展的历史前进方向，在坚持和发展新时代中国特色社会主义中找准自己的人生定位，实现国家"大我"和个人"小我"的有机结合，不断为更有时代意义的人生价值努力学习，增长才干，服务祖国。

（二）明大理

习近平新时代中国特色社会主义思想是中华文化和中国精神的时代精华。新时代大学生必须不断加强对蕴含在这一思想中的深刻忧患意识和斗争精神的学习，不断锤炼使命意识。尽管在当前，中国比历史上任何时期都更接近、更有信心和能力实现中华民族伟大复兴的目标，但前进道路不可能一帆风顺，越是取得成绩的时候，越是要有如履薄冰的谨慎，越是要有居安思危的忧患，绝不能犯战略性、颠覆性错误。在忧患意识中培养斗争精神，参与和推动新时代伟大斗争，是中华民族伟大复兴事业赋予新时代大学生的庄严使命。

（三）树牢底线思维

底线思维是把忧患意识转化为科学认识方法论所形成的思维方法和思维特征，是在忧患意识和斗争精神的基础上形成的对发展中风险的预判、防范和化解。新时代新征程上，我国发展所面临的各种风险挑战都要防控，但重点要防控那些可能迟滞或中断中华民族伟大复兴进程的全局性风险挑战，这是底线思维的根本含义。中国特色社会主义进入新时代，底线思维与战略思维、历史思维、辩证思维、系统思维、创新思维、法治思维等一起为前瞻性思考、全局性谋划、整体性推进党和国家各项事业提供科学思想方法。因此，新时代大学生必须努力树牢底线思维。

第三节　增强社会责任，形成维护国家安全合力

践行总体国家安全观，自觉维护国家安全，是全社会承担的重要责任，也是新时代大学生肩负的重要责任。这就要求加强国家安全教育，形成维护和塑造国家安全的合力，使新时代国家安全工作具有广泛的社会基础和群众基础。

一、维护国家安全是全民责任

总体国家安全观坚持以人民安全为宗旨，是以人民为中心的发展思想的要求和体现，表明我国的国家安全归根到底是维护人民群众的安全和保障人民群众的利益。同时，人民群众也要把维护国家安全看作自身必须承担的责任。强化人民群众的国家安全意识，是国家安全的固本之策和长久之计。要在履行责任中不断养成维护国家安全的意识自觉和行为自觉，汇聚起维护国家安全的强大力量。

张载《正蒙》曰："学，所以扩其中正之用而弘之者也。"青年人是一个民族最富有朝气、最有希望的力量。一个民族的文明素养，很大程度上体现在青年一代的道德水准和精神风貌上。一个国家的国家安全意识和维护国家安全的能力，很大程度上也体现在新时代的青年人身上，体现在新时代大学生对国家安全责任的认识和实践上。因此，教育引导新时代大学生充分认识和积极履行维护国家安全的公民责任，对于维护国家安全具有重大现实意义和深远历史意义。

二、履行维护国家安全的法定义务

我国是社会主义法治国家，一切关乎国家安全的工作都要坚持有法可依、有法必依、执法必严、违法必究。实践充分证明，只有走法治化

道路才能为国家安全工作奠定可持续发展的坚固基础。维护国家安全是我国公民的法定义务。我国《宪法》规定，中华人民共和国公民有维护祖国的安全、荣誉和利益的义务，不得有危害祖国的安全、荣誉和利益的行为。《国家安全法》规定，公民和组织应当履行下列维护国家安全的义务：遵守宪法、法律法规关于国家安全的有关规定；及时报告危害国家安全活动的线索；如实提供所知悉的涉及危害国家安全活动的证据；为国家安全工作提供便利条件或者其他协助；向国家安全机关、公安机关和有关军事机关提供必要的支持和协助；保守所知悉的国家秘密；法律、行政法规规定的其他义务。任何个人和组织不得有危害国家安全的行为，不得向危害国家安全的个人或者组织提供任何资助或者协助。

发现危害国家安全行为应该怎么办？

新时代大学生能否在履行国家安全义务中不断成长，不断增强践行总体国家安全观的自觉，关乎中华民族伟大复兴的前途命运，也关乎社会主义的前途命运。在社会主义与资本主义两种社会制度、两种意识形态的历史演进及其较量中，争夺青少年的斗争是长期的、严峻的。新时代大学生必须履行自身肩负的国家安全义务，珍惜新时代机遇、担负新时代使命，在担当中历练，在尽责中成长，让青春在全面建设社会主义现代化国家的火热实践中绽放，让人生在实现中国梦的奋进追逐中展现出勇敢奔跑的英姿，努力成为德智体美劳全面发展的社会主义建设者和接班人。

三、积极参与国家安全教育

开展国家安全教育是《国家安全法》《爱国主义教育法》等法律法规的法定要求。要坚持集中性教育和经常性教育相结合，引导广大人民群众认真学习贯彻总体国家安全观，增强国家安全意识，提升维护国家安全的能力。要抓好全民国家安全教育日的教育活动。《国家安全法》规定每年

4月15日为全民国家安全教育日。2016年至今，每年的国家安全教育日活动使总体国家安全观不断入脑入心，在全社会营造维护和塑造国家安全的浓厚氛围。要不断加强学校国家安全教育。2018年，教育部印发的《关于加强大中小学国家安全教育的实施意见》对学校国家安全教育的总体要求和目标任务、重点工作和组织保障提出了明确的要求。要加快国家安全领域专门人才的培养。2020年，我国设置了国家安全学一级学科，为国家安全教育专门人才培养提供了学科专业平台。

让总体国家安全观"上天入地"深入人心

知识拓展

全面加强国家安全教育

《国家安全法》第76条规定，国家加强国家安全新闻宣传和舆论引导，通过多种形式开展国家安全宣传教育活动，将国家安全教育纳入国民教育体系和公务员教育培训体系，增强全民国家安全意识。

《爱国主义教育法》第14条规定，国家采取多种形式开展法治宣传教育、国家安全和国防教育，增强公民的法治意识、国家安全和国防观念，引导公民自觉履行维护国家统一和民族团结，维护国家安全、荣誉和利益的义务。

党的十九大报告指出，加强国家安全教育，增强全党全国人民国家安全意识，推动全社会形成维护国家安全的强大合力。

党的二十大报告指出，全面加强国家安全教育，提高各级领导干部统筹发展和安全能力，增强全民国家安全意识和素养，筑牢国家安全人民防线。

在校园学习期间，大学生也要积极参与国家安全工作。要认真学习总体国家安全观，提高自身的国家安全意识，增强安全文化素养。要在维护涉校园的国家安全工作中增强敏感性，从身边事做起，敢于斗争、勇于斗争，防诈防骗防渗透。要广泛参与社会中的相关国家安全教育活动，积极传播普及总体国家安全观的理论知识，履行好党和国家赋予大学生的使命，努力推动提高全社会的国家安全教育水平。

思考题

1. 为什么说国家利益是最根本的利益？
2. 新时代大学生如何增强忧患意识、发扬斗争精神？
3. 联系自己所学专业知识，谈谈你对推进和深化总体国家安全观的理论研究的认识。
4. 在日常学习生活中，大学生如何履行好维护国家安全的义务？

阅 读 文 献

■ 习近平:《高举中国特色社会主义伟大旗帜　为全面建设社会主义现代化国家而团结奋斗——在中国共产党第二十次全国代表大会上的报告》(2022年10月16日),人民出版社2022年版。

■ 习近平:《决胜全面建成小康社会　夺取新时代中国特色社会主义伟大胜利——在中国共产党第十九次全国代表大会上的报告》(2017年10月18日),人民出版社2017年版。

■ 习近平:《始终把人民群众生命安全放在第一位》(2013年11月24日),《习近平谈治国理政》第一卷,外文出版社2018年版。

■ 习近平:《坚持理性、协调、并进的核安全观》(2014年3月24日),《习近平谈治国理政》第一卷,外文出版社2018年版。

■ 习近平:《坚持总体国家安全观》(2014年4月15日、2017年2月17日),《习近平著作选读》第一卷,人民出版社2023年版。

■ 习近平:《切实维护国家安全和社会安定》(2014年4月25日),《习近平谈治国理政》第一卷,外文出版社2018年版。

■ 习近平:《积极树立亚洲安全观,共创安全合作新局面》(2014年5月21日),《习近平谈治国理政》第一卷,外文出版社2018年版。

■ 习近平:《不断增强人民群众获得感幸福感安全感》(2018年2月—2021年4月),《习近平著作选读》第二卷,人民出版社2023年版。

■ 习近平:《坚持党对国家安全工作的绝对领导》(2018年4月17日),《习近平谈治国理政》第三卷,外文出版社2020年版。

■ 习近平:《维护政治安全、社会安定、人民安宁》(2019年1月15日),《习近平谈治国理政》第三卷,外文出版社2020年版。

■ 习近平:《坚持底线思维,着力防范化解重大风险》(2019年1月

21日),《习近平著作选读》第二卷,人民出版社2023年版。

▪ 习近平:《贯彻总体国家安全观,构建大安全格局》(2020年12月11日),《习近平谈治国理政》第四卷,外文出版社2022年版。

▪ 习近平:《把国家发展建立在更加安全、更为可靠的基础之上》(2020年12月16日),《习近平谈治国理政》第四卷,外文出版社2022年版。

▪ 习近平:《牢牢把住粮食安全主动权》(2020年12月28日),《习近平谈治国理政》第四卷,外文出版社2022年版。

▪ 习近平:《切实筑牢国家生物安全屏障》(2021年9月29日),《习近平谈治国理政》第四卷,外文出版社2022年版。

▪ 中共中央党史和文献研究院编:《习近平关于总体国家安全观论述摘编》,中央文献出版社2018年版。

▪ 中共中央党史和文献研究院编:《习近平关于防范风险挑战、应对突发事件论述摘编》,中央文献出版社2020年版。

▪ 中共中央党史和文献研究院编:《习近平关于国家粮食安全论述摘编》,中央文献出版社2023年版。

▪ 中共中央宣传部、中央国家安全委员会办公室编:《总体国家安全观学习纲要》,学习出版社、人民出版社2022年版。

▪ 《总体国家安全观干部读本》编委会编著:《总体国家安全观干部读本》,人民出版社2016年版。

后　　记

《国家安全教育大学生读本》是马克思主义理论研究和建设工程重点教材，由教育部会同中央有关单位组织编写，经国家教材委员会审核通过。在编写过程中，得到了国家教材委员会高校哲学社会科学（马工程）专家委员会、思想政治审议专家委员会和本教材专家指导组的指导。同时，听取了高校师生的意见建议。

在教育部党组的领导下，教材局组织实施了本教材编写审核工作。本教材由程建平、李忠军主持编写，主要成员任晓伟、汪明、马瑞映、吴玉军、秦立强、肖晞、刘凯、林晨、王秀江、李后东、朱启超、林众参加编写。参与部分章节文稿撰写工作的有：刘硕扬、郭锐、马方、李翠芳、韩春梅、刘娟娟、王刚等。任晓伟、汪明负责全书统稿工作。本教材专家指导组的主要专家有：袁鹏、范维澄、叶静漪、付子堂等。

2024 年 7 月

郑重声明

高等教育出版社依法对本书享有专有出版权。任何未经许可的复制、销售行为均违反《中华人民共和国著作权法》，其行为人将承担相应的民事责任和行政责任；构成犯罪的，将被依法追究刑事责任。为了维护市场秩序，保护读者的合法权益，避免读者误用盗版书造成不良后果，我社将配合行政执法部门和司法机关对违法犯罪的单位和个人进行严厉打击。社会各界人士如发现上述侵权行为，希望及时举报，我社将奖励举报有功人员。

反盗版举报电话　（010）58581999　58582371
反盗版举报邮箱　dd@hep.com.cn
通信地址　　　　北京市西城区德外大街4号
　　　　　　　　高等教育出版社知识产权与法律事务部
邮政编码　　　　100120

读者意见反馈

为收集对教材的意见建议，进一步完善教材编写并做好服务工作，读者可将对本教材的意见建议通过如下渠道反馈至我社。

咨询电话　400-810-0598
反馈邮箱　gjdzfwb@pub.hep.cn
通信地址　北京市朝阳区惠新东街4号富盛大厦1座
　　　　　高等教育出版社总编辑办公室
邮政编码　100029

防伪查询说明

用户购书后刮开封底防伪涂层，使用手机微信等软件扫描二维码，会跳转至防伪查询网页，获得所购图书详细信息。

防伪客服电话　（010）58582300